Heiko Fritz

Märchenhaft Vermischtes

Aufsätze und Aphorismen

Die Handvoll Jahre, die ich leb,
Sind zu kostbar, daß ich sie vergeb.
Ich trau meinen Augen und nehm euch beim Wort
Und wehre mich, eh' mir die Hand verdorrt.
Und werde nie fertig sein mit der Welt,
Solange die mich am Leben hält.

Werner Karma

Heiko Fritz

Märchenhaft Vermischtes

Aufsätze und Aphorismen

Igel Verlag *Wissenschaft*

Bibliographische Information der Deutschen Bibliothek:

Die Deutsche Bibliothek verzeichnet diese Publikation in *Der Deutschen Nationalbibliografie*; detaillierte bibliographische Daten sind im Internet über *http://dnb.ddb.de* abrufbar.

Heiko Fritz:
Märchenhaft Vermischtes

1. Auflage 2008
ISBN 978-3-86815-001-8

Igel Verlag GmbH, Hamburg, 2008 (www.igelverlag.com)

Vermischtes

Von der Liebe

E. M. Cioran überlieferte uns eine biographische Episode seiner ersten Ernüchterung über eine in ihm sich regende liebende Empfindung:

„Ich war damals noch Gymnasiast, völlig in die Philosophie und in [...] ein junges Mädchen verknallt, das auch das Gymnasium besuchte. Wichtiges Detail: Ich kannte sie nicht persönlich, obwohl sie zu dem gleichen Milieu gehörte wie ich (dem Bürgertum von Hermannstadt). Wie das oft bei Heranwachsenden der Fall ist, war ich unverschämt und schüchtern zugleich, aber meine Schüchternheit war stärker als meine Frechheit. Über ein Jahr dauerte diese Qual, die ihren Höhepunkt erreichen sollte, als ich eines Tages im großen Stadtpark gegen einen Baum gelehnt irgendein Buch las. Plötzlich hörte ich Gelächter. Was sah ich, als ich mich daraufhin umdrehte? Sie in Begleitung eines Klassenkameraden von mir, den wir alle unglaublich verachteten und die Laus nannten! Es sind über fünfzig Jahre her, aber ich kann mich noch genau an das erinnern, was ich damals fühlte. Ich verzichte hier auf Einzelheiten. Jedenfalls schwor ich mir auf der Stelle, mit den ‚Gefühlen' Schluß zu machen. Und so wurde ich zu einem eifrigen Stammkunden des Bordells." (E. M. Cioran: „Widersprüchliche Konturen", S. 94)

Wer sich mit dem Leben von Cioran beschäftigt, gewahrt bei ihm eine fast gläserne Sensibilität. Die Reaktion des Empfindsamen auf das oben beschriebene, für ihn enttäuschende und offenbar auch schockierende Erlebnis ist ein radikaler Ausweg, eine Suche nach etwas Kompensierendem für eine Erfahrung, die sich bei ihm als eine extreme offenbarte. Der Mißerfolg mündet für ihn scheinbar in eine Ausweglosigkeit.

Liebende, insbesondere, wenn es sich bei ihnen um die erste, noch jungfräuliche Liebe handelt, besitzen oft wenig Toleranz, Enttäuschungen anzuerkennen, weil ihre Verbundenheit vorwiegend auf emotionaler Ebene gedeiht und sie so eng am wirklich ablaufenden Geschehen haften. Ihnen fehlt die Distanz zum Erlebten. Sie wollen sie auch gar nicht erreichen, denn jede Emanzipation von ihren liebenden Gefühlen empfinden sie als Verlust. Die Unvernunft ihrer Handlungen besteht in ihrer Unmittelbarkeit, denn nur in der Nähe erfahren sie die heftigste Erfüllung. Das bedeutet keineswegs, daß eine solche Liebe unbedingt rücksichtslos gegen das außerhalb der liebenden Konzentration Liegende sein muß, dies wird so meist nur von anderen durch die moralische Brille gesehen. Die sich liebenden Partner sind vielmehr in erster Linie gegenüber der eigenen Person rigoros, was in vollkommenster Form bis zur zeitweiligen Aufhebung (Opferung) der Individualität führen kann.

Grund dafür ist, daß die vom Eros Ergriffenen spüren, daß ihre persönlichkeitsgebundenen Ansprüche in der liebenden Entfaltung schnell an Grenzen stoßen. Ohne die teilweise Aufhebung der Autonomie der eigenen Person könnten Liebende zum Beispiel ihre sogenannte individuelle Schamgrenze kaum überwinden (wobei diese nicht auf den körperlichen Aspekt eingeschränkt werden darf). Die Liebenden wollen sich öffnen. Das gelingt ihnen jedoch nur durch ein vorher entstandenes unerschütterliches Vertrauen – einerseits zum Partner, andererseits zur Umgebung. Letzteres wiederum wird bedingt durch das Gefühl einer gewachsenen Lebensstabilität dank der neu entstandenen Liebe.

Die rücksichtslose Freimütigkeit dem Geliebten gegenüber, die jene tieferen Geheimnisse eines Menschen erst freilegt, die eine Liebe befruchten, stärken zwar beide Seiten der polaren Gemeinschaft, schwächen aber die Persönlichkeit als autonomes Einzelwesen. Deswegen ist jeder Partner für sich allein schneller und wesentlich stärker verletzbar. Ein von der Liebe Verlassener fühlt sich darum nicht nur verraten, sondern meist bloßgestellt vor dem ehemals Geliebten, wie vor der gesamten Welt. Die Flucht in die eigene abgeschlossene Subjektivität ist dann meist heftig. Die sich abschottende Haltung wird nur zögerlich wieder aufgegeben. Überwältigt den Enttäuschten schließlich doch wieder die Empfindung der Liebe, ist sie zwar auch durch Hingabe gekennzeichnet, jedoch eine zeitweilige Opferung des „Ichs" bis zur letzten Konsequenz findet kaum mehr statt, weil das unerschütterliche Vertrauen in den Partner verloren gegangen ist. Hier haben wir den mitentscheidenden Grund, warum meist nur in der „ersten Liebe" die ausgelassenen Emotionen in reiner Form gelebt werden und bei vielen das ganze Leben lang in berauschender wie auch warnender Erinnerung bleiben. (Mit der „ersten Liebe" ist hier keineswegs die erste tastende Annäherung an das andere Geschlecht gemeint, sondern das jungfräuliche, alles beherrschende Gefühl, das den verlangenden Wunsch auslöst, mit dem geliebten Menschen zu verschmelzen.)

Derjenige, der erstmalig den Verlust einer tief empfundenen Liebe erleiden muß, erfährt meist einen grundlegenden Zweifel an der Möglichkeit, mit einem anderen Menschen wirklich verschmelzen zu können. Dieses Mißtrauen schiebt der „Ent-Täuschte" oft von sich weg, jedoch wird er es nie mehr wirklich los, und es bestimmt sein weiteres Handeln nicht unerheblich. Jede folgende Partnerschaft ist daraufhin in der Phase ihrer Entstehung mehr oder weniger eine seelische Prostitution, weil das Vermögen des Neuverliebten kaum noch vorhanden ist, die Individualität vollständig aufzugeben.

Genau an diesem Verhalten der Preisgabe der Persönlichkeit kann man im übrigen erkennen, ob es sich bei den jeweiligen Partnern tatsächlich um Liebe im ursprünglichsten Sinne handelt. Gleichzeitig ergibt die Bereitschaft zur zeitweiligen Persönlichkeitsaufhebung die Maßgabe zur Beantwortung der Frage, inwiefern die Gegenwart überhaupt noch vom Phänomen der Liebe zu berichten weiß, wobei hier alle Variationen der Erscheinung gemeint sind, also neben der Zuneigung zum gegengeschlechtlichen Partner auch die Mutterliebe oder die außerfamiliäre Kinderliebe, ja sogar die Liebe zum Vaterland, zu einer Religion, zu einem Beruf usw.

Zurückkehrend zur Reaktion des jugendlichen Cioran verrät sie eine sicherlich intuitive, aber konsequente Folgerichtigkeit. Obwohl es zu keinem persönlichen Kontakt zur Angebeteten kam, öffnete sich der pubertäre Knabe in der Phantasie für sie und erlebte so für sich die Enttäuschung seines träumerischen Verlangens. Die hohe Empfindsamkeit des jungen Ekstatikers benötigte keine empirische Bestätigung mehr, das Zutrauen war zunächst verloren gegangen, das Bewußtsein distanzierte sich vom Körper, der, für dieses relativ wertlos geworden, der Beliebigkeit preisgegeben werden konnte. Die anschließenden Besuche im Freudenhaus gewährleisteten wenigstens einen leicht betäubenden Genuß, der jedoch nicht allein die Scheinherrschaft über das artverwandte Objekt der Enttäuschung gewährleisten sollte, wie es in diesem Fall sicherlich viele einseitig ausgerichtete Feministinnen interpretieren würden. Es war außerdem zu einem wesentlichen Teil ein Haß gegen sich selbst, eine leibliche Probe der eigenen Entwertung, die den Weg in die Einsamkeit ebnen und zudem rechtfertigen sollte.

Die sexuelle Lustbefriedigung ohne seelische Entsprechung stellt, auch im leiblichen Sinne, eine persönliche Herabwürdigung dar. Dabei erlangt der so Handelnde nur eine Zufriedenheit, wenn er die Sehnsucht nach lebendiger Geborgenheit unterdrückt, was in der Regel, auch bei Cioran, auf Dauer mißlingt.

Wo liegen die Gründe dafür, daß Menschen ernstgemeinte und bewußt berücksichtigte Grundsätze in Sphären der Liebe immer wieder umstürzen bzw. zunichte machen? Warum unterbrechen so viele „Ent-Täuschte" ihre selbstauferlegte Beschränkung und wenden sich von ihrer einmal entstandenen Einsicht, den weiteren Lebensweg lieber allein zu gehen, ab? Welcher Umstand trägt die Hauptschuld für die Inkonsequenzen des Geistträgers beim Phänomen der Liebe, während es ihm gegenüber anderen vitalen Regungen in glanzvoller Weise gelingt, seine geistigen Überzeugungen und damit seinen Willen durchzusetzen, selbst wenn Lebenserscheinungen dadurch vernichtet werden?

Bevor wir die Veranlassung kurz anreißen, sei gleich eine Konkretisierung des Sachverhaltes vorgenommen. Wir befassen uns hier ausschließlich mit dem Vorgang, daß die einmal Enttäuschten, bei entsprechender Feststellung einer neu entstehenden liebenden Zuneigung zu einem anderen Menschen, bis zu einem hohen Grad bereit sind, ein weiteres Mal in aller Ernsthaftigkeit ihre Person hinzugeben für ein Gefühl, von dem sie wissen, daß es in seiner Unbeständigkeit Verlust und Schmerz mit beinhaltet. Es handelt sich also um Liebe in vollständiger seelischer (leiblicher und geistiger) Dimension und nicht um die vordergründige Befriedigung körperlichen Luststrebens.

Kommt der Mensch mit dem vitalen Phänomen der Liebe in Berührung, bemüht er sich oft sehr schnell, diese Erscheinungen „dingfest" zu machen, das heißt, er strebt in irgendeiner Weise deren Besitznahme an. Diese Handlungen erwachsen aus der Überzeugung, nur so eine gesicherte Dauer der Zufriedenheit zu erlangen.

Jedoch, was im materiellen Bereich zumindest teilweise gelingt, scheitert in den zwischenmenschlichen Beziehungen. Bei ihnen kann eine relativ ununterbrochene Beglückung lediglich erworben werden, wenn sie stets aufs neue entsteht, das bedeutet, dies gelingt nur, wenn aus jedem Verebben der Gefühlsstärke der Schwung für eine Neubelebung der Empfindung gewonnen werden kann.

In der liebenden Begegnung gründet sich die Erneuerung nicht selten auf eine verlangende Sehnsucht, die beim Liebenden meist sofort entsteht, wenn der jeweilige Partner aus dem Sinneskreis verschwindet. Mit wachsendem Abstand gewinnt der Drang dabei beständig an Stärke. Denn das, was die Menschen als Liebe bezeichnen, benennt unter anderem ihr Bemühen, ihre individuelle Abgeschlossenheit, ihre Einsamkeit zu überwinden oder wenigstens partiell aufzulösen.

Eine ganz andere Möglichkeit, der Vereinzelung zu entkommen, entdecken wir im Bestreben des Denkenden, die persönliche geistige Auseinandersetzung zur Allgemeingültigkeit zu erheben. Teilweise verdanken Religionen, philosophische Systeme oder politische Dogmen diesen Anstrengungen ihr Entstehen. Doch ein solcher Weg vermag keineswegs umfassend das Gefühl der Einsamkeit des Geistträgers aufzuheben, wie es eben beim Erleben des seelischen Phänomens der Liebe geschieht. Ihr erstes Gewahren ist jedoch weniger ein aktives Bemühen, es überkommt einen vielmehr, und der vom liebenden Gefühl Berührte ist nicht selten überrascht. Dieser Liebende erfährt nun, daß nur durch die liebende Zuneigung eine wirklich erlebte Gemeinsamkeit entstehen kann, weil sie alle Ebenen der menschlichen Wirklichkeit einschließt, vom kommunikativen Bereich bis zum vegetativen.

Der Mensch versucht auf vielen anderen Gebieten zum gleichen Ergebnis zu gelangen, doch bleiben die Erfolge im Gegensatz zum Ereignis der Liebe oberflächlich. Nur in der Liebe wird der Mensch als Ganzes, also mit seiner Welt umfangen. Diese Einsicht bildet die Grundlage dafür, daß derjenige, der von der Liebe verlassen wurde, trotzdem das Bestreben hat, sie erneut zu erlangen, obwohl er weiß, daß sie einerseits immer ein labiler Zustand ist, also auch die Gefahr des wiederholten Erlebens eines Verlustes mit einschließt, und zum anderen die unschuldige, genauer gesagt die vertrauensvolle Heftigkeit ihrer Äußerung auf Grund der schmerzhaften Erfahrung nicht mehr erreicht werden kann. Doch der einst von der Liebe Verlassene gibt sich mit dem wesentlich geringeren Anspruch zufrieden.

Die nun geübte Bescheidenheit ist keineswegs erzwungen. Der erneut verliebte Mensch muß sich zur hingebenden Handlung nicht herablassen, geschweige denn entwürdigen, er spürt vielmehr – wenn er durch die Liebe annähernd ausgefüllt wird – in einer fast erlösenden Freude, daß er ein weiteres Mal die mögliche Verwirklichung des liebenden Gefühls erreicht hat. Deshalb sind seine geäußerten Empfindungswelten ehrlich gemeint und überzeugend, können auch einen Grad der Leidenschaft erreichen, die die Existenzweise neu bereichert, indem sich beispielsweise durch sie die Perspektive auf das persönliche Dasein ändert.

Trotzdem bleiben Hemmnisse, bedingt durch die früheren enttäuschenden Ereignisse, die wie ein Stachel wirken. Ein Vergessen ist ausgeschlossen, Gewesenes wird man nicht los; selbst dann nicht, wenn versucht wird, es zu verdrängen.

Der Geistträger ist an das Bewußtsein gebunden, auch wenn er erkennt, daß ihm seine geistigen Fähigkeiten große Schmerzen zufügen können. Er wäre ohne das Denken und damit ebenfalls ohne seine Vergangenheit nicht lebensfähig.

Der Rausch der Liebe, der bis zur Ekstase reichen kann, vermag zwar kurzzeitig den Geist zu verdunkeln, aber von Dauer ist dieser Zustand nie, immer wieder wird er unterbrochen von dem Bedürfnis des Menschen nach Lebensorientierung.

Kurzum, die Erfahrung des Erlebnisses eines überwältigenden Lebensfeuers und dessen Bewußtwerdung drückt wohl das aus, was die Menschen als „Glück" bezeichnen.

(1998)

Von den Verführungen

Es gibt Phasen in der Geschichte einer Nation, die gekennzeichnet sind durch einen relativen Gleichklang der verschiedenen individuellen Lebensläufe. Das Weltbild, das sich die Menschen in diesen Zeiten errichten, entspricht in der Regel den jeweils vorherrschenden gesellschaftlichen Verhältnissen. Eintretende persönliche Erschütterungen werden dabei zwar weiterhin als ein übermächtiges Schicksal erlebt, aber genauso selbstverständlich zur Existenz gehörend angesehen wie der vorhandene Gestaltungsspielraum der Gesellschaft, in dem sich der Einzelne schöpferisch betätigen kann.

Wiederum gibt es Epochen in einem Land, die sind durch Lebenswenden gekennzeichnet. Diese können vom Einzelnen mitgetragen werden, weil er zum Beispiel die vergangene Existenzweise als Joch empfunden hat, oder sie werden von ihm abgelehnt. Ist letzteres der Fall, wird der Wandel als Einbruch von außen empfunden, der diesem Menschen eine neue Lebensauffassung und Lebensart aufzwingt.

Das zwanzigste Jahrhundert war von solchen Umschwüngen in großer Zahl heimgesucht, wobei sich diese Notwendigkeit zu ständiger Neuorientierung schon im vorangehenden Jahrhundert tendenziell abzeichnete. In den letzten hundert Jahren jedoch ist die Frage nach dem Geburtsjahr zu entscheidender Wichtigkeit geworden, um das Spektrum der Möglichkeiten der Entwicklung jedes Einzelnen analysieren zu können. Waren es in der ersten Hälfte des zwanzigsten Jahrhunderts hauptsächlich kontinentale Kriege, die persönliche wie gesellschaftliche Veränderungen heraufbeschworen, so bestimmten in den darauffolgenden fünfzig Jahren vornehmlich wirtschaftliche Kämpfe das Dasein der Individuen, weil durch die Entwicklung von Massenvernichtungswaffen Kriege zwischen wirtschaftlichen Großmächten nicht mehr möglich waren, wollte man nicht das Leben der gesamten Menschheit aufs Spiel setzen.

Bei allen politischen Änderungen unterliegen auch die Wertstrukturen einer Prüfung und meist darauffolgend einer Umwandlung. Die neuen moralischen Normen treten dann zunächst einmal in extremer Vereinfachung zutage. Nicht selten nehmen dabei die Sieger die Position des absolut Guten ein und verdammen das Alte vollständig.

Die Unterlegenen sind umgekehrt zum überwiegenden Teil bemüht, sich dem proklamierten „Besseren" anzupassen, was oft einhergeht mit einem Versuch des Vergessens oder Verurteilens des Gewesenen.

Ein anderer, kleinerer Teil will das Alte, so wie es war, auch im Neuen erhalten. Diese Menschen bäumen sich gegen die Eliminierung des Früheren auf, weil sie glauben, mit ihm zu fest verwurzelt zu sein, so daß eine Trennung von vormals Bestehendem einem Absterben eines wesentlichen Teiles ihrer Persönlichkeit gleichkommen würde. Aber lediglich die im Prozeß der Abwehr eintretende Erstarrung ermöglicht ihnen zeitweise noch einen individuellen, eigentlich leblosen Erhalt von überholten Daseinsformen.

Zwischen diesen beiden letztgenannten extremen Reaktionen gibt es Menschen, deren Neuorientierung nicht so schnell und radikal vonstatten geht. Sie erkennen sehr wohl, daß Früheres eine Veränderung erfahren mußte, können jedoch die nun vorhandene neue Situation nur akzeptieren, wenn sie eine persönliche Entsprechung darin finden. Ihre Bewegungen sind meist tastend, sie suchen das individuelle Gefühl mit den neuartigen Eindrücken zu verbinden und brauchen dazu Zeit und Ruhe – die sie aber nicht bekommen.

Die Unentschlossenheit, die sie zu zeigen scheinen, ist für die Vertreter der neuen Ordnung verdächtig. Eine solch zögerliche Einstellung signalisiert für diese zuviel Skepsis, die jene gerade geschaffene Ordnung brüchig werden läßt, letztlich sogar in Frage stellt. Das Neue muß davor geschützt werden, denn es benötigt selbst in der ersten Zeit eine sichere Stabilität, um Wurzeln schlagen zu können. Deshalb versuchen die Repräsentanten des Neuen den Zaghaften geistige Narkotika aufzudrängen, die dann zu einer Akzeptanz der andersgearteten Orientierung verhelfen sollen.

Charakteristisch für diese Betäubungsmittel ist, daß sie vornehmlich mit sogenannten irrationalen Elementen angereichert werden. Ihre Wirkung soll möglichst umfassend sein und Nischen aufzeigen, in die sich der Behandelte einhausen kann, damit ihm die ankommenden Schwierigkeiten nicht mehr so sehr auf den Leib rücken. Wichtig ist freilich, daß der Blick aus der Nische eine Rückkopplung zum tatsächlichen Leben in persönlich verständlicher und nachvollziehbarer Weise gewährt, selbst wenn diese illusionär ist.

Gegenwärtig sind vor allem Phänomene aus den Erkenntnis- und Erfahrungsbereichen der Psychologie und der Religion Mittel der Narkose, obwohl beide Bereiche ursprünglich aus einem Verstehenwollen von bestimmten Lebenserscheinungen entstanden sind; und das ist heute noch eine weitverbreitete Veranlassung dafür, diese Weisheitsregionen aufzusuchen.

Es gibt nun wiederum einige der „Behandelten", die die Suche nach einer Nische gern zu einer Flucht vor der Gegenwart nutzen. Auf religiösem Gebiet wird das beim Versuch des abendländischen Menschen deutlich, in einer artfremden Religion (wie dem Buddhismus, dem Taoismus oder den verschiedenen Naturreligionen usw.) das Heil zu finden. Doch der andersgeartete Glaube kann, entgegen der Beteuerung der Flüchtenden, nie in seiner Vollständigkeit in die eigene europäische Wirklichkeit integriert werden. Es sind dann auch nur ausgewählte Elemente der fremden Religionen, die sie in die eigene Lebensanschauung einfügen. Jene erscheinen dann freilich wie Fremdkörper, ohne sinnvollen Bezug zu den herkömmlichen und vorher gelebten religiösen oder kulturellen Auffassungen.

Auch gewahrt man beim Europäer schnell die christliche Blickrichtung innerhalb dieser fremden Religionen. Ganz besonders deutlich wird das bei der Unerbittlichkeit und Unnachgiebigkeit, mit denen die neuen Erkenntnisse geäußert und vertreten werden. Kurzum, die Betrachtungen der nichtchristlichen Religionen werden in der westlichen Welt meist aus der Sichtweise von Schuld, Sühne und daraus folgend der Erlösungsmöglichkeit angestellt, die stark vom persönlichen Wirklichkeitsverständnis geprägt sind.

Schließlich finden die wesensfremden Einsichten eine unbewußt moderne Anwendung, indem die Religiosität individualisiert vom Allgemeinen abgelöst wird.

(1998)

Von einer anderen Perspektive

Es war gerade Erntezeit. Bei sehr heißer und schwüler Luft wurde in der Mühle das Getreide eingelagert. Ein Fahrzeug stand hinter dem anderen. Die Bauern warteten ungeduldig darauf, daß sie ihr Getreide abladen konnten, denn sie wollten so schnell wie möglich wieder aufs Feld zurück, wo die Mähdrescher warteten. Ein hektisches Treiben war demnach auf dem Mühlenhof und die Müller, zu denen ich auch gehörte, liefen geschäftig zwischen dem Getreidesilo, der Fahrzeugwaage und dem Labor hin und her. Der Schweiß lief einem auf der Haut herunter, die zudem noch durch den Getreidestaub, der durch die Luft flog, unangenehm juckte. Ich war froh, als ich nach sechs Stunden angestrengter Arbeit eine Pause einlegen konnte, setzte mich mit reichlich Getränken in eine schattige Ecke und las einige Aphorismen des Buches „Von Tränen und von Heiligen", geschrieben von E. M. Cioran, der als „desillusionierter Weltpessimist" gilt. (Obwohl diese Kategorisierung in Bezug auf Cioran durchaus eine gewisse Berechtigung hat, erfaßt sie keineswegs vollständig seine Erscheinung und sein Werk.) Noch innerlich erregt durch den vorhergehenden Arbeitsstreß, spürte ich schon nach wenigen Sätzen eine sich in mir ausbreitende Ruhe, so daß diese Pausenlektüre eine echte Erholung war. Die weltabgewandten Gedanken Ciorans, die trotzdem von einer Faszination für bestimmte Lebensphänomene gekennzeichnet sind, und besonders seine intensive Beschäftigung mit der Erscheinung des Todes, entrückten mich aus meiner unmittelbaren Situation. Das führte bei mir jedoch nicht zu einer seelischen Lethargie. Vielmehr zog ich Kraft aus der Lektüre, weil die metaphysischen Gedankengänge die Forderungen des Tagesgeschehens relativierten. Der gegenwärtige Augenblick verlor an Wichtigkeit, ich war nicht mehr vollkommen in den aktuellen Alltag eingebunden. Plötzlich fühlte ich mich der angespannten Lage nicht mehr völlig ausgeliefert, sondern erlangte ihr gegenüber eine gewisse Autonomie, die mir eine freiere Beweglichkeit ermöglichte. Die veränderte Blickrichtung auf mein Dasein, die ich durch Ciorans geistige Exkurse erlangte, führte zu einer gedanklichen Überhöhung gegenüber meiner momentanen Tätigkeit. Auf diese Weise schöpfte ich vitale Energien für die folgenden sechs Stunden.

Eine solche Bewältigung einer Streßsituation ist in den verschiedensten Lebensbereichen möglich, auch bei der Auseinandersetzung mit dem gesellschaftlichen Leben. Drängen sich einem Verhältnisse auf, die man in einer sofortigen Reaktion nicht bewältigen kann, bemüht man sich in der Regel um eine Distanz zu ihnen. Genauer formuliert ist es eine geistige Flucht, bei der man das Geschehen, vor dem man flieht, im Auge behält.

Die radikalste Fluchtart ist eine Form des Denkens, die allgemein als Pessimismus bezeichnet wird. Motiv der pessimistischen Lebensanschauung ist meist der Versuch der Befreiung aus einer unaufhebbar scheinenden Bedrängnis. Diese entsteht, weil der sich bedroht Fühlende keine Entsprechung mehr findet zwischen seiner persönlichen Lebensweise und dem ihn einschließenden gesellschaftlichen oder, allgemeiner formuliert, äußeren Umfeld. Das erzeugt nicht nur eine Existenzverunsicherung, sondern nicht selten auch eine gehörige Portion Wut gegenüber dem Dasein. Letzteres begründet eben unter anderem eine Betrachtungsweise der unmittelbaren Existenz, die diese radikal verneint. Das kann, sofern die Verneinung ernst gemeint ist und nicht als bloßes intellektuelles Spiel betrieben wird, durchaus therapeutische Wirkung haben.

Cioran, der als leidenschaftlicher Weltpessimist auftrat, bestätigt dies, indem er in einem kurzen Kommentar zu dem Gedicht „Gebet eines Dakers" seines Landsmanns Mihail Eminescu schreibt: „Der einzige rettende Ausweg in Anfällen von Verzweiflung ist die Beschwörung einer noch größeren Verzweiflung. Kein vernünftiger Trost ist wirksam, also muß man sich an einen Taumel klammern, der mit dem eigenen wetteifern, ja ihn sogar übertreffen kann." (Thomas Stölzel: „Ein Säulenheiliger ohne Säule – Begegnungen mit E. M. Cioran", S. 61) Dazu ergänzt er in einer mündlichen Äußerung gegenüber Bondy: „Man soll nicht mäßig betrübt sein, sondern melancholisch bis zum Exzeß, ganz extrem betrübt. Dann nämlich setzt eine heilsame biologische Reaktion ein. Zwischen Grauen und Ekstase pflege ich einen aktiven Trübsinn." (Ebenda S. 59)

Man setzt sich bei der Verneinung „an die Stelle von Allem und von Allen ... Man wird eine Art Demiurg mit umgekehrten Vorzeichen, der über das Universum verfügen kann, als ob er bei dessen Entstehung mitgewirkt und daher das Recht, sogar die Pflicht hätte, dessen Niedergang zu beschleunigen...Die Zerstörungslust, unmittelbare Folge der Verneinung, des Verneinungsgeistes, entspricht einem tiefen Bedürfnis, einem Neid, den jeder in seinem Inneren verspürt angesichts des Anführers des Alls, seiner Position und der Idee, die er darstellt und symbolisiert." (Ebenda S. 58)

Durch die Verneinung gewinnt der Denkende einen Abstand zu seinem Dasein. Um die abstrakte Distanz aufrechtzuerhalten, muß jedoch der Geistträger seine ganze Vitalität einsetzen. Deshalb sind die schriftlichen Ergüsse der sogenannten Lebensverneiner gekennzeichnet durch Anmaßung, Blasphemie und (im geistigen Sinne) rasende Tobsucht.

Genaugenommen ist diese Art und Weise der Äußerung ein Schmerzensschrei, weil sich im persönlich empfundenen Dilemma zugleich das allgemein menschliche in eindrucksvoller Weise offenbart. Die subjektive Sicht erhält eine vorher ungeahnte Universalität und erfährt ihre Bestätigung durch die erlebbare Realität einer Existenzweise, die immer noch weitgehend charakterisiert ist von den Alternativen: „fressen oder gefressen werden". Durch die verletzte Sensibilität, die die pessimistische Sichtweise begründet, eröffnet sich dem Leidenden die Klarsicht für den gnadenlosen Kampf um den Erhalt des individuellen Lebens, das in seiner Vereinzelung eigentlich wertlos ist, wenn es nicht im Gesamtkomplex des Lebens integriert wäre.

Die bewußte Ausblendung der Freuden und Schönheiten des Lebens macht den Grad der Unabhängigkeit des Pessimisten deutlich. Diese erlangt er aber auch gegenüber seinen eigentlich trostlosen biologischen Einsichten. Das führt dazu, daß die Verneinung letztlich den Weg ebnen kann zu einer neuen, wiewohl andersgearteten Hinwendung zum Leben. Der bisher zitierte E. M. Cioran bekennt, was auch ich erlebte: „Je mehr ich die großen Pessimisten lese, um so mehr liebe ich das Leben. Nach einer Stunde Schopenhauer-Lektüre reagiere ich wie ein frisch Verlobter." (ebenda S. 57) Deswegen ist es durchaus kein Widerspruch, daß die Menschen, die als Pessimisten gelten, privat durchaus recht lebenslustig sein können und sich in Gesellschaft mit viel Witz und Hintersinn äußern. Gerade die Abstandgewinnung gegenüber dem Leben, die auch bewirkt, daß die individuelle Existenz nicht mehr so wichtig genommen wird, macht den ironischen Blick auf das persönliche wie das allgemeine Dasein möglich.

Im übrigen kann dieses Paradoxon ein gutes Kennzeichen sein, ob das Stadium des Pessimismus wirklich durchlebt wurde oder ob man die Einsicht des Lebensleids hauptsächlich dazu benutzt, um eine eventuelle Unfähigkeit, sich wirksam mit dem Leben auseinanderzusetzen, zu verdecken. Glaubt man beispielsweise den Biographen Schopenhauers, so führte die pessimistische Weltsicht bei ihm lediglich zu einer Verhärtung gegenüber seinem Umfeld, die sich im unsensiblen Umgang mit den Mitmenschen zeigte. Seine erfahrene Verlassenheit rührt wohl von seinem eigenwilligen Charakter her und ist nicht zu vergleichen mit dem Gefühl der Einsamkeit Ciorans, das vor allem aus dem Gewahren der Empfindung einer, trotz seines Reichtums an seelischen Regungen vorhandenen, inneren Leere entsprang. Schopenhauer scheint mit seiner pessimistischen Anschauungsweise nicht den Grad an freier Beweglichkeit erlangt zu haben, die der individuellen Existenz die Eigenart des Ausschließlichen nimmt. Von der Enttäuschung seiner philosophischen Nichtanerkennung, die durch seine dargelegte Lebensverneinung folgerichtig war, hat er sich offenbar nicht lösen können. Zumindest lassen seine, wegen der lebenslang gepflegten Unversöhnlichkeit fast peinlich anmutenden, Schimpfkanonaden gegen Hegel, den er als persönlichen Erzrivalen empfand, das vermuten.

In den meisten Fällen führen die Pfade des Pessimismus wieder zum Leben zurück, wenn sich auch die Betrachtungsweise unwiderruflich geändert hat.

Das erscheint nun letztlich doch wie ein experimentelles Spiel des denkenden Menschen. Jedoch darf der vorhin erwähnte psychologische Effekt nicht überbewertet werden, denn die andersgeartete Perspektive, die die Verneinung des Lebens darstellt, fördert Erkenntnisse zu Tage, die auch Bestand haben, wenn keine pessimistische Blickrichtung mehr vorherrscht. Die grundlegendste Erkenntnis ist dabei die des Leidens – ein Wesenszug des Lebens, der über die ganze Spannweite der Einzelexistenz reicht. Das fängt beim schmerzvollen Vorgang der Geburt an, setzt sich fort mit den Torturen für den Heranwachsenden, wenn er sich im Dasein behaupten muß, weiter beim Erlebnis der Liebe, das in der eruptivsten Phase neben überschwenglichen Freuden auch nie zuvor gekannte Pein bereithält, bis hin zur Angst vor körperlichen, seelischen und geistigen Schmerzen beim Vorgang des Sterbens.

Gleichzeitig erzeugt aber das Leiden ebenso den Spannungszustand im Menschen, der es ihm möglich macht, die Qualen zu durchleiden (sie zu bestehen).

Die erste moralische Reaktion des Pessimisten, die sich oft aus seinen Einsichten ergibt, ist ein Verhalten, das wir in der Umgangssprache „Mitleid" nennen, obwohl es dort freilich auch das Bedauern einer schicksalhaften Fügung eines bestimmten Einzelnen mit einschließt, die der Pessimist mit seiner Reaktion gerade nicht zum Ausdruck bringt. Ihm geht es nicht vorrangig um ein Mitgefühl für ein spezielles individuelles Leiden, sondern sein Mitleid ist gespeist aus der Erkenntnis und Erfahrung der Unausweichlichkeit des Leidens für jegliche Existenzform; er weiß den Schmerz als zum Leben gehörig. Das wiederum versetzt ihn in die Lage, einen intensiven Zugang zu den anderen Kreaturen zu finden, deren Existenzen, ebenso wie seine eigene, durch begründete und schicksalhaft unbegründete Martern gekennzeichnet sind.

In einem solchen Stadium kann man wohl in der überzeugendsten Weise erfahren, daß alle Menschen den gleichen Lebenswert besitzen, weil jeder einen mehr oder weniger spürbaren Leidensprozeß durchleben muß, der die individuelle Existenz stark prägt. Allen Geistträgern ist beispielsweise eine Gewißheit gemeinsam, nämlich die der Endlichkeit des Erdendaseins und des vergeblichen Kampfes gegen die Vergänglichkeit. In diesem Sinne muß man das eigentlich hoffnungslose Ringen heldenmütig nennen, weil der Kämpfende den Ausgang der Auseinandersetzung, die persönliche Niederlage, schon im voraus kennt. Indes weiß er auch oder ahnt es zumindest, daß sowohl der Kampf wie das Unterliegen am Schluß in überpersönlicher Dimension lebenserhaltend wirkt.

Doch wie gesagt, das Mitleid ist nur eine erste Auswirkung der pessimistischen Anschauung. Ein viel wichtigeres Ergebnis dieser Vorstellungsperspektive ist die Öffnung des Lebenshorizontes, die sich aus dem obsessiven Bemühen um eine Distanzierung vom erlebten Geschehen ergibt. Es sind nicht nur ungeahnte Weiten, die sich dem Pessimisten eröffnen, auch vorher nicht gekannte Leidenschaften werden in ihm freigesetzt, die seine individuelle Existenz in erheblichem Maße bereichern und ihm letztlich die Möglichkeit schaffen, sich nach dieser Phase in neuartiger Verzückung dem Leben wieder zuzuwenden.

Der desillusionierte Blick auf das Dasein nimmt diesem seinen mit eigentlich grundlosen Erwartungen eingeengten Spielraum. Derjenige, der sich der Unausweichlichkeit des Todes wirklich bewußt ist, kann in der lebendigen menschlichen Existenz die gleiche grundlose Unendlichkeit entdecken, die er in den Reichen jenseits der Grenzen des Bewußtseins erlebt. Er besitzt in diesen Momenten eine nicht vollständig rational zu begründende Gewißheit der Wesensähnlichkeit der Phänomene des Todes und des Lebens. In erster Linie ergibt sie sich für ihn aus dem erfahrenen Abhängigkeitsverhältnis beider Erscheinungen.

Eine wahrhaft menschliche Liebe zum Leben gibt es demzufolge ohne wirksame Konfrontation mit der Erscheinung des Todes nicht.

Im Umstand einer gegenüber dem „blinden Optimisten" reicheren Lebenserfahrung des Pessimisten liegt wohl begründet, daß unter anderem ein, oft sicherlich unbewußtes, Ressentiment in den Argumenten der Kritiker mitschwingt, die sich dazu berufen fühlen, gegen den Pessimismus zu Felde zu ziehen. Ihre Äußerungen offenbaren in der Regel eine gehörige Portion Unverständnis, eben wegen eines viel eingeschränkteren Weltbildes im Vergleich zu den Menschen, die das Entwicklungsstadium der Lebensverneinung durchlebt haben.

Das Leben hat apokalyptische Züge, und wer die persönliche Apokalypse, die Bestandteil des gesamten Lebensweges jeder Einzelexistenz ist, nicht wirkungsvoll erfährt, lebt ohne Tiefe in einer oberflächlichen Alltäglichkeit. In diesem Sinne sind Ciorans Gedanken aus seinem mystischsten Werk „Das Buch der Täuschung" zu verstehen:

„Nur wenn du lebst, als wäre das Leben ein Gut, das du jederzeit aufopfern könntest, nur dann hört es auf, Banalität oder Evidenz zu sein. Es ist töricht zu behaupten, daß uns das Leben gegeben ist, damit wir es ausleben; es ist uns gegeben, damit wir es hingeben, das heißt aus ihm mehr herausschlagen, als seine natürlichen Bedingungen zulassen. Es gibt keine andere Ethik als die des Opfers.

Den Tod an sich zu betrachten, als vom Leben abgetrennt, bedeutet, sowohl sein Leben als auch seinen Tod zu verfehlen. Das innere Todesgefühl ist nur dann fruchtbar, wenn wir dadurch den Lebensvollzug vertiefen können. Das Leben verliert durch diese Beziehung Lauterkeit und Reiz, gewinnt indessen unendlich viel an Tiefe. Reine Ekstase des Todes führt verhängnisvollerweise zu einer Lähmung des gesamten Lebens. Nur wenn wir aus der Obsession des Todes Funken zu schlagen vermögen, sind wir auch imstande, das Leben zu verklären.

Wir müssen das Leben den allergrößten Heimsuchungen aussetzen. Nichts Gefährliches und Gewagtes darf uns fremd bleiben. Nur Jungfern weigern sich, an letzte Verluste zu denken. Ist das ganze Leben denn nicht eine Abfolge von verlorenen Jungfräulichkeiten?" (E. M. Cioran: „Das Buch der Täuschung", S. 64 f.)

(2003)

Von der Geburt

Ein Ausdruck der modernen Daseinsweise in der Gegenwart ist, daß die Geburt der eigenen Kinder mittlerweile zu einem intensiven Erlebnis beider Liebenden wurde. Heute betrachtet man es nämlich in der westlichen Welt gemeinhin als eine Selbstverständlichkeit, daß der Vater der Entbindung des Kindes beiwohnt.

Noch vor einigen Jahrzehnten war die Räumlichkeit, wo sich die Niederkunft der werdenden Mutter vollzog, trotz aller vorhergehender theoretischer Aufklärung, für den Mann eine Tabuzone. Lediglich die ärztliche Autorität hatte zwecks Sicherstellung des Lebens des Neugeborenen Zugang, ansonsten war der Vorgang des Gebärens ausschließlich Frauensache.

Der Einbruch des Mannes in einen Bezirk, der vordem den Frauen vorbehalten blieb, ist nun nicht nur eine Erscheinung, die sich eben mal eingebürgert hat, etwa in der Art eines Modetrends, sondern ein Zeichen einer neuen Lebensauffassung und einer andersgearteten Existenzweise.

Die Gründe für solch einen Wandel sind sehr komplex und treten selten vordergründig zu Tage. Es sollen an dieser Stelle nur drei wesentliche Veranlassungen kurz beleuchtet werden.

Eine der hervorstechendsten ist der Drang des Menschen, in alle Bereiche seines Daseins wissend vorzudringen. Dabei befriedigt das theoretische Wissen nur bedingt. Erst das persönliche Erlebnis fundamentiert dieses. (Der Tourismus ist beispielsweise in den letzten 40 Jahren zum Teil deswegen so expandiert, weil die allgemein verbreiteten geographischen Berichte über ferne Länder und Kontinente bei vielen Menschen den Wunsch entstehen ließen, diese auch persönlich vor Ort kennenzulernen.) Ein solches Ergebnis des Aufklärungsdranges darf nun jedoch nicht in dem Sinne interpretiert werden, wie es einige radikale Feministinnen tun könnten, daß der Mann mit der Anwesenheit bei der Geburt ein letztes weibliches Geheimnis offenlegt, um seine Machtposition gegenüber der Frau auf eine neue Stufe zu heben. Ein derartig prinzipieller Wandel jahrtausendealter Gepflogenheiten konnte nur vollzogen werden, weil auch die weibliche Seite ihr Einverständnis dazu gab; oder, genauer gesagt, weil vielmehr bei der Frau das Bedürfnis entstand, daß der jeweils geliebte Mann sie bei der Entbindung des gemeinsam gezeugten Kindes begleitet.

Der Drang nach Aufklärung ist ein allgemeiner Prozeß der Bewußtseinsentwicklung des Menschen, den auf ihre spezielle Weise sowohl die Männer wie auch die Frauen verwirklichen. So hat unter anderem das weibliche Geschlecht heute eben ein Interesse daran, daß der Mann in Bereiche eindringt, in denen vormals lediglich Frauen verkehrten.

Ein ganz andersgearteter Grund, warum die geschlechtsspezifischen Sphären verschwimmen (es dringt ja ebenso die Frau in Sektoren vor, in denen sonst die Männer unter sich waren), ist darin zu finden, daß gesellschaftliche Institutionen in ihren Geltungs- und Arbeitsbereichen nicht mehr prinzipiell auf eine Unterscheidung der Geschlechter insistieren. Da gesellschaftliche Vorgänge und Normen aus der Vielheit der Interessen und Verhaltensweisen der Einzelnen eines Staates hervorgehen (wobei natürlich auch umgekehrt diese durch bestehende gesellschaftliche Werte beeinflußt werden), resultiert ein derartiges Phänomen, das durch die Gemeinschaft anerkannt und getragen wird, aus einem dem entsprechenden und zudem weit verbreiteten individuellen Verständnis der Geschlechterbeziehung bzw. -begegnung.

Eine Äußerung der Geschlechterangleichung, die durchaus im persönlichen Bereich ihren Ursprung hat, ist die Erweiterung der Schamgrenze, die bis zur bewußten Präsentation der nackten Geschlechtlichkeit reichen kann. Aus der körperlichen Geschlechtsspezifik wird heute meist kein Geheimnis mehr gemacht. Und wenn sich auf diesem Gebiet eine Person in einer bestimmten Entwicklungsphase trotzdem in Zurückhaltung übt, läuft sie Gefahr, als prüde charakterisiert zu werden. Das muß sie jedoch nicht automatisch sein. C. G. Jung beispielsweise meint, daß das Verlangen nach Verbergen unter anderem eine Ausdrucksgebärde sein könnte, die deutlich macht, daß ein unbewußtes Phänomen zu Tage getreten ist, das „entweder noch nicht bewußt ist oder nicht bewußt werden will oder kann. Kurz gesagt: es ist die Gegenwart des Unbewußten, das eine immer wiederkehrende Rücksichtnahme und Aufmerksamkeit vom Bewußtsein erfordert. Mit der Inanspruchnahme des Interesses wird die fortlaufende Wahrnehmung und Assimilierung jener Einflüsse und Wirkungen des Geheimen ermöglicht." (C. G. Jung: „Gesammelte Werke - Band 14/1", S. 266) Auf unseren Sachverhalt übertragen kann also das Verbergen der eigenen Geschlechtlichkeit in einer bestimmten Periode der persönlichen Entwicklung eine Möglichkeit sein, Zeit zu gewinnen, um die seelische Reife für eine neu erfahrene individuelle Lebenssituation zu erlangen. In einem solchen Fall wäre es für den Betroffenen eine Abwehrhandlung gegenüber seiner vorlaufenden geistigen Einsicht und hat eine Verzögerung der Erfüllung zum Ziel, damit er sich in der veränderten Atmosphäre zunächst orientieren kann. Es ist bezeichnend, daß die hormonelle Umstellung des Heranwachsenden in der Pubertät ein Schamgefühl erzeugt, das der heutigen Lebensweise fast zuwider zu laufen scheint. In der Regel hält sie auch nicht lange an, weil von den älteren Mitmenschen mittlerweile oft eine Freimütigkeit gegenüber der eigenen Geschlechtlichkeit fast zur Schau gestellt wird, die dem Jugendlichen suggeriert, daß eine Zurückhaltung in dieser Frage nicht zeitgemäß ist. Die mit schonungsloser Offenheit geführte Kampagne gegen die Krankheit Aids beispielsweise konfrontiert Jugendliche mit einem seelischen Verantwortungsbewußtsein, das sie in ihrem Entwicklungsstadium selten aufbringen können. Das ist freilich nur eine Ursache, warum sich heutzutage die ersten Erlebnisse der sexuellen Begegnung zwischen jungen Menschen allzu oft vor der Erfahrung des allumfassenden Gefühls der Liebe zum anderen Geschlecht vollziehen. Das hat unter anderem zur Folge, daß beide Ebenen in der Anschauungsweise des Gegenwartsmenschen sinnwidrig getrennt werden.

Kurzum, die Auflösung der geschlechtsspezifischen Sperrbezirke, die, wie eben gerade gezeigt, schon unter den Jugendlichen vollzogen wird, bewirkt die allmähliche Aufhebung der besonderen Geschlechterrollen in der Gesellschaft. Das gibt im übrigen dem feministischen Kampf um eine berechtigte gesellschaftliche Gleichstellung der Frau eine neue argumentative Grundlage, die zu Beginn der Bewegung noch gar nicht vorhanden war.

Ein Ergebnis der Abschwächung der gesellschaftlichen Rollenverteilung nach dem jeweiligen Geschlecht ist das Schwinden der außerfamiliären Interessengemeinschaften, in denen Frauen oder Männer unter ihresgleichen bleiben. Noch vor einigen Jahrzehnten waren diese Art der Gruppierungen auch noch in Westeuropa sehr ausgeprägt vorhanden. In ihnen wurden weitgehend Themen behandelt und diskutiert, die entweder einer typisch weiblichen oder männlichen Anteilnahme entsprangen. Dies ließ in einigen bestimmten Lebenssphären unter den Mitgliedern ein Vertrauensverhältnis entstehen, das herkömmlich nicht durch die Familie abgedeckt wurde.

Der Wegfall solcher geschlechtsbezogener Gemeinschaften markiert einen weiteren Grund für die Anwesenheit des werdenden Vaters bei der Geburt seines Kindes, denn das Fehlen eines so gearteten, die Grenzen der intimen Familie sprengenden Vertraulichkeitsbezirks bindet die einzelnen Familienmitglieder enger zusammen. Der Beistand, den die Gebärenden vormals von den in dieser Frage erfahreneren Frauen bekamen, die die Entbindung meist als Hebamme begleiteten, hat eine Abschwächung erfahren. Das liegt freilich auch daran, daß die Geburt mittlerweile als ein fast rein medizinischer Vorgang betrachtet wird. So suchten die werdenden Mütter eine Kompensationsmöglichkeit, die die Einbuße seelischer Stärkung ersetzen sollte. Diese fanden sie letztlich meist bei dem Mann, dem sie sich geöffnet hatten, um ein Kind zur Welt bringen zu können.

Der Einbruch des Mannes in eine frühere Tabuzone ist dementsprechend auch ein Ausdruck einer entsolidarisierten Gesellschaft. Sie ist Ergebnis einer immer weiter um sich greifenden Individualisierung innerhalb der Menschengemeinschaft, die eine stärkere Vereinzelung ihrer Vertreter mit all ihren positiven und negativen Folgen nach sich zieht.

Nun stellt sich die Frage, welchen Eindruck der Mann bei dem Erlebnis der Geburt gewinnt. Das ist freilich abhängig von seiner Sensibilität. Es kommt jedoch nicht selten vor, daß er gerade bei dem ersten „Ereignis" eine ähnliche Erschütterung erlebt wie viele werdende Mütter, die ihr erstes Kind zur Welt bringen. Diese machen meist die bis dahin unbekannte Erfahrung, ganz dem Schmerz hingegeben zu sein. Was die Frau unmittelbar in den Wehen durchlebt, erfährt der Mann auf andere Art, nämlich als direkter Zuschauer. Nicht eingebunden in den Vorgang der Geburt, ist er ein relativ hilfloser Beisitzer, dessen Qual darin besteht, seine Geliebte leiden zu sehen. Trotz allem ist er gerade wegen seiner Distanz eine Stütze für die Gebärende, eben aus den oben genannten Gründen.

Für beide, Frau und Mann, kann durch das erfahrene Erlebnis der Geburt des eigenen Kindes die Erkenntnis wachsen, daß das Leben in seinen schöpferischsten Momenten ein schmerzlicher Leidensprozeß ist, der im Fall der Niederkunft erst im finalen Ausgang das bereit hält, was die Menschen im allgemeinen als Glück bezeichnen. Den Augenblick der Freude, daß das Kind sein Erdendasein beginnt, erfährt die Frau durch das neuartige Gefühl der Mutterschaft, die das zeitweilig mögliche Wohlgefühl der Schwangerschaft ablöst, das bei ihr durch das Empfinden erzeugt wurde, daß sie Leben in sich trägt. Der Mann kann bei entsprechender Beobachtungsgabe diese Wonne der gewordenen Mutter aus ihrem Antlitz ablesen, die in ihrer Art der Äußerung einmalig ist und im völligen Gegensatz zu den vorhergehenden Anstrengungen steht, die die Gesichtszüge der Entbundenen trotzdem immer noch mit prägen. (Der Gesichtsausdruck, der ein schnell einsetzendes Wohlergehen zeigt, entsteht ja hauptsächlich auch durch die Erlösung von den Geburtsschmerzen.) Beim Mann dominiert nach dem freudigen Ereignis natürlich in erster Linie der Stolz seiner Vaterschaft.

Die folgenden Geburten berühren sowohl die Frau wie den Mann in der Regel nicht mehr so emotional, weil sie vorbereitet sind auf das, was sie erwartet. Eine solche Erfahrung kann die vornehmlich informative Geburtsvorbereitung in keiner Weise vermitteln, weil es für das Erlebnis des Schmerzes keine sprachliche Entsprechung gibt.

Zusammenfassend können wir feststellen, daß die Anwesenheit des Vaters bei der Geburt seiner Kinder in jedem Fall eine Bereicherung der partnerschaftlichen Beziehung ist. Auch wenn einschränkend gesagt werden muß, daß jede Aufhellung des Geheimnisses des anderen Geschlechts (und der Mann erlebt bei der Geburt seine Frau in einer Weise, die er vorher nicht kannte und später nicht mehr erfahren wird) die Kraft der liebenden Zuneigung abschwächt, denn sie erhält unter anderem ihre Emotionen aus der Unbekanntheit des geliebten Wesens. Letzteres löst natürlich den Drang aus, den Menschen, für den man liebende Gefühle entwickelt, genauer kennenzulernen, was in der herkömmlichen Form des Zusammenlebens bis zu dem Grad gelingt, der die Leidenschaften für ihn aufrecht erhält. Wiewohl auch die Veränderungen des Partners im Laufe der persönlichen Entwicklung, wie sie eben zum Beispiel durch die Mutter- bzw. Vaterschaft hervorgerufen werden, die Liebe füreinander neu beleben kann.

(2003)

Vom Weihnachtsfest

Traditionen vermitteln der Gegenwart in der Regel vergangene Verhaltensweisen, die in einer frei schöpferischen Umsetzung ins Heute am Leben erhalten werden. Demzufolge haben Bräuche von Ritualen oder Festen nur dauerhaften Bestand, wenn sie sich in der aktuellen Zeit einordnen lassen, salopp formuliert, wenn das Alte auch die Modernität erträgt bzw. ihm auch ein neues Kleid paßt, ohne daß dabei sein Wesenskern völlig verloren geht.

Hört man heute Meinungen über das alljährliche Weihnachtsfest, so steht die allgemeine Charakteristik der Besinnung im Mittelpunkt der positiven Bewertung der drei freien Tage. (Besinnung auf die Familie, der man im Alltag zu wenig Zeit opfert, oder Besinnung auf die Verwandtschaft, der man durch Besuche bzw. Einladungen seine Verbundenheit mit ihnen mitteilt, oder Besinnung auf sich selbst und die Situation, in der man sich befindet, mit dem Ziel, Abstand für eine Neubewertung zu erlangen.) Im Gegenzug wird der Kaufrausch und der darauf folgende „Geschenkterror" beklagt, weil insbesondere letzteres dem ganzen Weihnachtsfest den Sinn nehmen würde.

Wie so oft bei Äußerungen von Ansichten über ein Phänomen steckt sowohl in der positiven wie auch in der negativen Bewertung ein Teil des Gesamtgehaltes vom heutigen Verständnis des Weihnachtsfestes. Die eben formulierte weitverbreitete Klage, daß die starke Konsumausrichtung dem „heiligen" Fest eigentlich wesensfremd ist, hat beispielsweise trotz ihrer Lautstärke, mit der diese Kritik in monotoner Art jedes Jahr ausgesprochen wird, nicht etwa zu einer spürbaren Änderung der Verhaltensweise der Menschen geführt. Ganz im Gegenteil, die Kauflust, um Familienmitglieder, Freunde, Bekannte und Verwandte zu beschenken, hält mit unverminderter Intensität an. Somit muß mit einem solchen Handlungsschema beim Zivilisationsmenschen etwas erfüllt werden, was ihm keineswegs nur oberflächliche Befriedigung gibt. Genugtuung kann er wiederum nur erlangen, wenn sein Tun eine Entsprechung bei den gesellschaftlichen Vorgängen findet; in der Welt also, in der er lebt. Die ist in den Wohlstandsgesellschaften des Westens geprägt von einem Wirtschaftssystem, das seine erhaltende und stärkende Kraft aus einem stetigen Wachstum erhält. Das Produktionsvolumen hingegen, das erwirtschaftet wird, muß umgekehrt auch verbraucht werden, damit neue Erzeugnisse hergestellt werden können.

Nun ist in den entwickelten Industrieländern eine allgemeine materielle Absättigung erreicht. Abgesehen von den alltäglichen „Erfordernissen" erfahren nur spezielle Bereiche, wie zur Zeit beispielsweise die Unterhaltungselektronik, ein gesteigertes Interesse der Konsumenten. Damit man aus diesem die Wirtschaft hemmenden Dilemma herauskommt, muß man Anlässe schaffen bzw. nutzen, die eine allgemeine Kauflust erzeugen. Dazu zählt unter anderem das Weihnachtsfest, bei dem das Beschenken vor allem der Kinder eine weit zurückreichende Tradition hat. Wie wichtig die „weihnachtliche Schenkorgie" für das wirtschaftliche Gefüge der westlichen Marktwirtschaft ist, zeigt sich bei der Auszahlung des dreizehnten Monatsgehaltes, dem sogenannten Weihnachtsgeld. Das wird heutzutage nicht gezahlt, weil der Arbeitgeber in einer vielleicht sentimentalen Gefühlsregung wenigstens einmal im Jahr die Leistung seiner Arbeitnehmer auf diese Weise würdigen will, sondern es soll diese vielmehr zu zusätzlichen Ausgaben während des Weihnachtsgeschäfts animieren. In diesem Sinne kann man ermessen, wie wenig solche Wirtschaftsführer von den Mechanismen ihres zu verwaltenden Systems verstehen, wenn sie öffentlich bekunden, durch Kürzungen des Weihnachtsgeldes die Wirtschaft insgesamt zu stärken. Auf Dauer wird das zu einer umgekehrten Entwicklung führen.

Derartige Überzeugungen entstehen, wenn man glaubt, das Wirtschaftswachstum hauptsächlich durch Exportgeschäfte zu erzielen, eine Meinung, die wir in Deutschland oft genug vernehmen. Dabei hat in einem reichen Land, wie es die Bundesrepublik darstellt, gerade der Binnenhandel eine nicht zu unterschätzende Bedeutung für den wirtschaftlichen Werdegang.

Diese weitverbreitete Unterschätzung, gepaart mit der Verunsicherung vieler Menschen, wenn sie einen Blick auf ihre persönliche Zukunft werfen, sind (natürlich neben vielen anderen) die Haupthindernisse einer tiefgreifenden wirtschaftlichen Gesundung der entwickelten Industrieländer in Europa. Es ist nun einmal ein wirtschaftliches Erfordernis der fortgeschrittenen Industriegesellschaft, daß nur die wachsende Kaufkraft möglichst aller ihrer Mitglieder ein beständiges Wachstum der Produktion sichert.

Natürlich sind einer Ausrichtung nach solchen Einsichten ebenso Grenzen gesetzt. Denn eine Produktionsweise, die ausschließlich nach Wachstum strebt, geht entweder am eigenen Widerspruch zugrunde, weil jede ungehemmte Expansion über die eigene Kraft hinauswächst und dadurch anfällig wird für Gegenströme, oder aber sie regeneriert sich durch eben derartige Gegenläufe selbst. Einer davon wäre eine dem Wirtschaftswachstum entsprechende Verschwendung von erwirtschafteten Werten. Damit wären wir wieder beim (freilich auf das Volumen der Produktionsergebnisse bezogen keineswegs ausreichenden) Kaufrausch, der die Vorweihnachtszeit kennzeichnet.

Den notwendigen Zusammenhang von Produktion und Verschwendung hat schon Georges Bataille auf sehr breiter Ebene in seiner Untersuchung „Die Aufhebung der Ökonomie" hervorgehoben. Er macht in diesem Buch deutlich, daß die wirtschaftliche Tätigkeit des Menschen nicht vollständig auf Prozesse der Produktion und Reproduktion reduziert werden kann. Es gibt zwar eine Konsumtion, die der Erhaltung des Lebens und der Existenz der Gesellschaft dient, aber ebenso wird ein großer Teil des produzierten Gewinns für unproduktive Ausgaben verwendet, wie zum Beispiel jegliche Art des Luxus, Trauerzeremonien, Kriege, Kulte, Errichtung von Prachtbauten, Spiele, Theater, Künste usw. Die bedingungslose Verausgabung überschüssigen Mehrwerts widerspricht dem ökonomischen Prinzip, bei dem jede Ausgabe durch Einnahmen kompensiert bzw. gerechtfertigt werden sollte. Doch zeichnet sich die Ökonomie eben auch dadurch aus, daß sie einen Überschuß herstellt, der nicht allein durch die erweiterte Reproduktion verwertet werden kann, sondern einen erheblichen Rest an Gütern und Werten hinterläßt. Diese müssen verbraucht werden, denn ansonsten hemmen sie das weitere Wachstum.

In der menschlichen Geschichte gab es nach Bataille bisher zwei Hauptformen, das Zuviel der Produktionsgüter und -werte zu verbrauchen: einerseits in einer sogenannten sozialen Verschwendung, wie sie besonders bei Festen der primitiven Kulturen vorherrschte, oder andererseits durch Kriege. Da heutzutage nicht mehr durch Kriege das wirtschaftliche Plus vergeudet werden kann, sieht Bataille den einzig möglichen und wirksamen Ausweg in der Erhöhung des Weltlebensstandards. Das ist freilich nur ein erster Lösungsansatz. Aber schon die Einsicht in ein solches Erfordernis macht uns die Notwendigkeit, Lösungen für den Verbrauch des produzierten Überschusses zu finden, voll bewußt.

Damit können wir wieder zu unserem Ausgangspunkt, dem weihnachtlichen Konsumverhalten, zurückkehren. Auch dabei haben wir es mit einer zweckgerichteten Handlungsweise zu tun, die die Überschüsse der wirtschaftlichen Produktion verwerten soll. Und das geschieht auf beiden Seiten des Wirtschaftsprozesses, denn zum einen werden dadurch die hergestellten Güter verbraucht, und zum anderen wird der für die Arbeit ausgezahlte Lohn ausgegeben. Letzteres ist eine, auf das marktorientierte Wirtschaftssystem bezogen, optimalere Nutzung des individuellen finanziellen Vermögens, als dieses Geld in Form von Sparguthaben von den Banken in den notwendigen Umlauf bringen zu lassen, weil es im ersten Fall zu einem direkten Verbrauch von Produktionsergebnissen kommt.

Kurzum, die Verfemung der unnütz erscheinenden Aufwendungen für Weihnachtsgeschenke möchte vor der Realität der wirtschaftlichen Gegebenheiten die Augen verschließen. Eine solche Argumentation offenbart nicht selten ein Einhausen des Kritikübenden in seine eigene „heile" (unschuldig-naive) Ideal- oder Moralvorstellung, mit der er sich nicht selten einseitig und selbstgerecht mit der Realität auseinandersetzt. Das wird schon allein daran deutlich, daß der Kritiker seine Beurteilung einzig auf eine bestimmte individuelle Verhaltensweise ausrichtet und den Zusammenhang des Einzelnen mit dem Wirtschaftssystem, in dem er lebt, ausspart. Ansonsten würde er nämlich von einem nutzlosen Kauf von Dingen in einer eigentlich sinnlosen Überproduktion der im wesentlichen auf uneingeschränkte Kapitalvermehrung ausgerichteten Marktwirtschaft sprechen. (Nicht anders verhält es sich übrigens bei der Planwirtschaft im Sozialismus; sie ist ebenso auf Vermehrung von Produktionsüberschüssen angelegt.)

Brächte man freilich die Herstellung von Mehrprodukt mit einer wesentlichen Charakteristik des Lebens in Zusammenhang, erschiene eine solche allgemein verbreitete Handlungsweise vielleicht nicht mehr so widersinnig. Um nochmals auf Batailles Ökonomiestudie zurückzukommen, so hebt er in dieser deutlich hervor, daß ebenso das Leben als Gesamtphänomen durch Überschwang gekennzeichnet ist. Es verschwendet seine Möglichkeiten mit einer derartigen Leichtfertigkeit, daß darüber ein sich seiner individuellen Einmaligkeit bewußter Geistträger erschauern könnte. Das Leben leistet sich nach Bataille zum Beispiel den Luxus des gegenseitigen Sichauffressens oder einerseits der geschlechtlichen Fortpflanzung und, im Gegenzug dazu, den des Todes. Auf die letzten beiden Erscheinungen bezogen mag das für das Leben durchaus zweckmäßig sein, indem die Einheit von Geburt und Tod die notwendige Verjüngung bzw. Erneuerung des Lebens gewährleistet, damit es dauerhaft bestehen kann, jedoch für den Einzelnen erscheint die eigene Existenz trotz eben genannter Einsicht gerade angesichts des Todes ungereimt. Bataille schreibt hierzu: „Von allen denkbaren Luxusarten ist der Tod in seiner Fatalität und Unerbittlichkeit gewiß die kostspieligste. Schon die Zerbrechlichkeit des Tierkörpers, seine Kompliziertheit machen seinen luxuriösen Charakter deutlich, aber diese Zerbrechlichkeit und dieser Luxus kulminieren im Tod." (Georges Bataille: „Die Aufhebung der Ökonomie", S. 60)

Wer bereit ist, auch vage Beziehungen zu stiften, der verschließt sich vielleicht nicht folgendem Gedankenschluß: Da das Phänomen des Todes Neues gewährleistet, hat die Verausgabung an Weihnachtsgeschenken als Verbrauch („Vernichtungsorgie") produzierter (überschüssiger) Waren einen wenn auch entfernten Bedeutungszusammenhang mit dem Geburtscharakter des religiös verstandenen Weihnachtsfestes, denn der Warenverbrauch schafft neue Produktionsmöglichkeiten. Das hieße wiederum, daß diese Geschenkverausgabung nicht willkürlich an einem Tag des Jahres getätigt werden kann (obwohl das die weitgehende Immunität der wirtschaftlichen Prozesse gegenüber andersgearteten Vorgängen vermuten ließe), sondern sie muß vielmehr eingebunden sein in die Besonderheit der weihnachtlichen Atmosphäre. Sie wird unter anderem erzeugt durch einen mehr oder weniger traditionell bestimmten Ablauf, den viele Familien in ihrer Form von Jahr zu Jahr in fast ritueller Weise umsetzen. Erst in einem solchen Verhältnis erhalten die Geschenke ihren einzigartigen Wert, selbst wenn er nur für die wenigen Weihnachtstage gilt.

Machen wir uns nichts vor, für die Kinder ist das Weihnachtsfest durch den vollen Gabentisch ein erinnerungswürdiges Ereignis. Jedoch es würde nicht so eindrücklich im kindlichen Gedächtnis bleiben, wäre die Schenkung nicht eingebettet in jenes geheimnisvolle, lichterfüllte, anheimelnde Fluidum der Weihnacht, die schon mit der Adventszeit mit den Vorfreuden und ersten kleineren Erfüllungen beginnt und bis zum Höhepunkt unter dem Weihnachtsbaum reicht.

(2003)

Von Freundschaft und „erster Liebe"

Berichtet man einem Menschen von seinen Erlebnissen aus früheren Zeiten und charakterisiert dabei die Begegnungen mit Personen des anderen Geschlechts, die einen zeitweise mit größerer Aufmerksamkeit begleitet haben, so verschwimmen im Fluß der Erzählung oft die unterscheidenden Merkmale, ob es sich dabei beispielsweise um ein liebendes oder freundschaftliches Zusammentreffen handelte. Dem Zuhörer ist beim Vernehmen selten klar (wenn es nicht ausdrücklich erwähnt wird), wie innig die Bindung zu den jeweilig benannten Menschen war. Meistens erscheint ihm das auch nicht wichtig. Will er sich jedoch der persönlichen Vergangenheit des Erzählenden wenigstens einigermaßen annähern, müßte er die Unterscheidung, ob es sich bei dem damaligen Verhältnis um eine Freundschaft oder um Liebe handelte, berücksichtigen. Daß dies notwendig ist, wird daran deutlich, daß derjenige, der den Rückblick vornimmt, in jedem Fall, ob bewußt oder unbewußt, ob ausgesprochen oder nicht, eine solche Differenzierung vornimmt. Sensiblen Menschen ist sie sogar sehr wichtig, weil die Intensität der Erlebnisse einerseits der Liebe und andererseits der Freundschaft ganz unterschiedliche Dimensionen hatte und zudem zu ganz verschiedenen seelischen Erfahrungen führte.

In der Regel unterscheiden die Menschen bei aktuellen Beziehungen mit dem anderen Geschlecht ganz eindeutig zwischen freundschaftlichem und liebendem Kontakt (Liebe und Freundschaft können von ihnen ohne weiteres per Definition klassifiziert werden). Bei Erinnerungen zum Beispiel an die sogenannte „Erste Liebe" wird das schon schwieriger. Ist damit jene Berührung mit dem gegengeschlechtlichen Partner gemeint, die man mit dem Wort „Jugendliebe" begrifflich fixiert, oder ist diese nur eine Vorstufe dahin, ein Bereich zwischen Freundschaft und Liebe?

Im allgemeinen wird sehr wohl ein Unterschied gemacht zwischen der ersten Erfahrung einer gegenseitigen Zuneigung in der „Jugendliebe" und dem, was man als jungfräuliches Liebeserlebnis verstehen kann. Es ist auch symptomatisch, daß bei letzterem weniger die erste leibliche Berührung mit dem anderen Geschlecht gemeint wird – in vielen Fällen mündet ja heutzutage schon die „Jugendliebe" in erste sexuelle Erfahrungen –, sondern mit Liebe eine Art alles umfassendes und alles veränderndes Ereignis bezeichnet wird, in dem die Sexualität eine fast schon selbstverständliche körperliche Begegnung darstellt. Weil die geschlechtliche Vereinigung in der Liebe in erster Linie aus der Faszination durch den Partner entspringt, verliert sie im Moment der Verwirklichung weitgehend den Charakter des gegenseitigen körperlichen Kennenlernens von vielleicht bisher Unbekanntem (was hauptsächlich in der „Jugendliebe" den sexuellen Kontakt motiviert), vielmehr steht die komplementäre Begegnung im Mittelpunkt. Aspekte des Geschlechtsverkehrs zum Beispiel, wie mögliche Orgasmen, Stellungen der Leibesvereinigung, Abläufe eines Vor- und Nachspiels, die bei der sexuellen Begegnung, die nicht in der Sphäre der Liebe ablaufen, im Mittelpunkt stehen, verlieren in einer wirklichen liebenden Beziehung an Bedeutung, sie zerfließen in der Bezauberung voneinander.

Allein unter diesen Gesichtspunkten ist es also schon nachvollziehbar, daß gemeinhin die „Jugendliebe" von der „Ersten Liebe" unterschieden wird. Wiewohl ersteres durchaus auch in letzteres münden kann, was freilich selten geschieht.

Die „Jugendliebe" ist für den Heranwachsenden eine erste ernsthaftere Kontaktaufnahme mit dem anderen Geschlecht. Damit gibt der Jugendliche einer in ihm stärker werdenden Sehnsucht eine praktische Zielrichtung. Von Außenstehenden wird die „Jugendliebe" nicht selten als „kindliches Techtelmechtel" bezeichnet, was gar nicht so unzutreffend sein muß, weil sie meist eine spielerische Begegnung ist, gekennzeichnet durch gegenseitige Neckereien und relativ ungezwungenes Abtasten des eigentlich fremden Gegenübers. Der Partner wird jedoch schon wie bei der später ernsthafteren Liebe als der Andere seiner selbst erlebt. Freilich gerinnt diese Einsicht fast nie zu klarer abstrakter Erkenntnis, sie offenbart sich vielmehr als Empfindung, die eine ihr entsprechende Verhaltensweise erzeugt.

Charakteristisch für die sogenannte Jugendliebe ist die starke Selbstreflektion in ihr. Durch sie lernt sich der Jugendliche auf völlig andere Art kennen. Bis dahin war die Entwicklung seines Selbstbewußtseins im wesentlichen in den familiären Bereich eingebunden, blieb also im intimpersönlichen Fluidum. Bei seinen Erfahrungen in der Gefühlswelt der „Jugendliebe" schließt er die Familie und seinen engeren Umkreis meist erstmalig relativ aus. Selbst das bis dahin erlebte Phänomen der Freundschaft reicht nicht bis zu jener Qualität der Eigenständigkeit und Selbsterkenntnis, die man mit der „Jugendliebe" erfährt. Auch wenn bei der freundschaftlichen Begegnung zwei sich ursprünglich fremde Menschen zusammenfinden, um das Leben gemeinsam zu gestalten, durchdringen sie sich nicht, wie in der Liebe, seelisch, sondern bleiben auf dieser Ebene weitgehend in einem zurückhaltenden Verhältnis. Deswegen spricht man bei Freundschaft selten von Herzensbindung.

Kurzum, die neuartige Erfahrung der eigenen Persönlichkeit wird in der „Jugendliebe" in erster Linie durch die Berührung mit dem Unbekannten gewährleistet, das das „Ich" in bisher ungeahnter Form ergänzt und so auf wunderbare Weise erweitert. Erst diese erlebte Öffnung der individuellen Begrenztheit bringt das Gefühl der Daseinserfüllung, die jene beglückende Zufriedenheit erzeugt, die gerade die Liebe kennzeichnet.

Trotzdem bleibt in der „Jugendliebe" die Autonomie des Einzelnen im wesentlichen erhalten. Doch bewirkt das Erlebnis jener Form der Liebe eine Verstärkung des Verlangens, in seinem Partner das zu suchen, was zu einer Aufhebung der Eigenständigkeit führt, die eben paradoxerweise die Individualität bereichert und stärkt. Dieser Erwartung vermag freilich der andere Jugendliche nur in Ausnahmefällen zu genügen. Meist bewirkt der Reifeprozeß der ineinander Verliebten, der sich ja keineswegs nur auf dieses Gebiet beschränkt, die Loslösung vom „Jugendschwarm", worauf eine intensive Suche nach einem Lebenspartner einsetzt.

Unter „Lebenspartner" wird oft nur die Person verstanden, die einen bis ans Ende des Lebens begleitet. Doch in unmittelbaren Erlebnissen der Liebe werden selten so weite gedankliche Ausflüge in die Zukunft unternommen, vielmehr werden in solchen Zeiten mit diesem Begriff diejenigen bezeichnet, die es durch ihre liebende Zuneigung vermögen, das persönliche Dasein des jeweilig Geliebten zumindest zeitweise vollständig zu besetzen. Die Liebenden sind in solchen Situationen im wahrsten Sinne des Wortes wunschlos glücklich. Jegliches Geschehnis im Alltag wird dann der erlebten Liebe untergeordnet, alle Ereignisse aus diesem Phänomen heraus betrachtet und interpretiert. Das bedeutet, daß die Liebe, wenn sie in solcher Art gelebt wird – und hierfür kommt meist nur die jungfräuliche Begegnung mit ihr in Frage –, das Aufgehen der eigenen Person in den Partner zur Folge hat. Der Liebende verliert sich regelrecht im Geliebten, um durch ihn als neuer Mensch wiedergeboren zu werden. Das ist ihm natürlich selten bewußt, selbst wenn er ahnt und oft von außen bestätigt bekommt, daß er durch die Liebe ein anderer geworden ist. Umgekehrt ist dem Liebenden diese Erkenntnis auch nicht wichtig, schon daß er sein Herz verschenken kann, ist ihm eine derartige Verwirklichung seiner momentanen Existenz, daß er dafür jedes Opfer ohne Bedenken in Kauf nimmt.

Es versteht sich von allein, daß ein solcher Zustand nicht von Dauer sein kann, ansonsten würde sich der Liebende im Leben verlieren, wäre nicht in der Lage, sich weiter im Dasein zu behaupten. Das heißt, das Gefühl der Liebe muß sich mit der Zeit abschwächen, damit es in den Alltag integriert werden kann. Je heftiger die Liebe ausgelebt wurde, um so schwerer fällt eine solche Einordnung. Gelingt sie indes nicht, ist früher oder später ein Scheitern unumgänglich.

Gerade die verschiedenartige Qualität der Empfindungen, die bei einem Bruch zum einen der „Jugendliebe" und zum anderen der „Ersten Liebe" erfahren wird, läßt den Unterschied zwischen beiden Erscheinungen ein weiteres Mal deutlich hervortreten. Schmerzhaft sind beide Loslösungen, vor allem wegen eines Verlustgefühls, das sich nicht nur auf den Geliebten bezieht, sondern ebenso auf einen selbst. Doch erscheint es bei der „Jugendliebe" durch die weitere persönliche Entwicklung mit der Zeit kompensierbar.

Bei der „Ersten Liebe" hingegen ist die Einbuße unersetzbar, für sie gibt es kein Äquivalent, nicht einmal annähernd. Deswegen steht derjenige, der eine echte Liebe erfahren hat (die übrigens frei von Besitzdenken im eigentlichen Sinne ist, man besitzt den Liebenden einzig durch eine erwiderte Zuneigung), bei der Trennung vor einem Abgrund. Manchmal möchte er sich darin verlieren, weil das Leid unerträglich ist. Doch in der Regel überwindet er dieses Stadium der hoffnungslosen Leere und sucht als um die Möglichkeit der Erfüllung der Liebessehnsucht Wissender nach einer neuen Ergänzung des eigenen Selbst. Freilich ahnt er schon, daß es das unschuldige, seine Welt völlig verändernde Hochgefühl der „Ersten Liebe" nicht mehr geben wird. Denn die Erinnerung an die Enttäuschung des Scheiterns der „jungfräulichen" Liebe ist unauslöschlich, sie bleibt das ganze restliche Leben über ein Brandmal, das jedoch nicht nur eine Rückbesinnung auf einen einstmals lodernden Schmerz anzeigt, sondern auch den Sprung in ein neues persönliches Reifestadium bezeichnet. In diesem sucht der Ernüchterte eine neuerliche Liebe, die er dann nicht mehr in so leidenschaftlicher Rücksichtslosigkeit auslebt, sondern bewußter wahrnimmt. Das liebende Gefühl wird dadurch intensiver erlebt. Zudem weiß der erfahrene „Liebhaber" um die Vergänglichkeit seiner Empfindung. Sie hat nur, wie jede Lebenserscheinung, eine befristete Existenz. Trotzdem wird die Welt des Liebenden durch die Erneuerung der Liebe wieder, wie schon beim ersten Mal, strahlend. Sie blüht vor ihm auf, so daß sich die ganze Kraft und Pracht des Lebens offenbart. Diese Enthüllung geht einher mit dem Gewahren der eigenen vitalen Stärke.

Es zeigt sich demnach, daß eine neue Stufe der individuellen Vervollkommnung nur auf den Schmerzen der vorhergehenden basieren kann. Erst durch erfahrenes Leid und dessen geistige und seelische Rekapitulation in der Gegenwart können die neuen Ereignisse eine spürbare Bereicherung erhalten, die dem Erlebenden einen bisher ungeahnten Grad der Daseinserfüllung bringen.

Auch wenn es anfänglich so scheint, daß die neue Liebe gegenüber der vorhergehenden ein ganz andersgeartetes Gefühl erzeugt, kommt man mit der Zeit zur Einsicht, daß jede Liebe in einem ein annähernd gleiches schöpferisches Empfinden bewirkt, lediglich die Dimension des Erlebens kann sehr verschieden sein.

Ergänzend sei bemerkt, daß die eben beschriebenen Erfahrungen einer erneuerten Liebe nicht unbedingt allein durch Partnerwechsel möglich sind. Auch in einer langjährigen Partnerschaft können sie das Zusammensein bereichern, denn selbst in einer solchen Beziehung unterliegt das liebende Gefühl füreinander großen Schwankungen, die sich aus den Veränderungen ergeben, die die Partner im Laufe ihres gemeinsamen Weges erleben. Ein dargestellter Linienverlauf der Intensität der Liebe in einer sogenannten gut funktionierenden Ehe würde eine Wellenlinie ergeben, wo die liebende Zuneigung einmal auflebt und nach einer gewissen Zeit wieder abebbt, bis sie eine Wiederbelebung erfährt. Also auch Eheleute erleiden die Enttäuschung eines Liebesverlustes, jedoch, und das macht das Glück der Ehe aus, sie durchleben ihn nicht vollständig. Gerade das weitere Beieinanderbleiben nährt die Hoffnung, daß der Keim der Liebe, der doch im Geliebten weiterhin vorhanden sein muß, neuerlich sprießen kann. Eine Garantie dafür gibt es freilich nicht, aber der Versuch wird als lohnend empfunden. Ein möglicher neuer Ausbruch der Liebe wird dann genauso erlebt wie die liebende Zuneigung zu einem anderen Partner nach einer endgültigen Trennung vom vormals Geliebten. Die Ehe ist gekennzeichnet durch jenes Vertrauen auf Erneuerung, deswegen erachtet man es unter anderem für wert, die aufkommenden Probleme gemeinsam auszuhalten und zu bewältigen. (Sie vermag manchmal sogar einen kurzzeitigen Partnerwechsel zu überstehen.)

(2003)

Von Ludwig Klages

Es ist unbestreitbar: Wer sich den Schriften von Ludwig Klages unvoreingenommen hingibt, der ist meist von ihnen trotz der Fremdheit vieler Gedankengänge fasziniert. In erster Linie liegt das an seiner für Philosophen ungewöhnlich lebendigen, fast dichterischen Sprache. Je sensibler und empfindsamer ein Leser ist, desto mehr kann er überwältigt werden von der Flut der Klages'schen Beschreibungen seelischer Phänomene, die unter anderem jenen „kosmogonischen Eros" ans Tageslicht bringen, für den Klages ein Monument errichten wollte. Seine Leidenschaft für die Liebe als seelische Erscheinung ließen Klages zu einem „Philosophen der Seele" werden, dessen Phänomenbeschreibungen von einigen Bewunderern seiner Arbeiten durchaus gedanklich und teilweise sogar empfindungsmäßig nachvollziehbar waren bzw. sind.

Nichtsdestoweniger erscheint den meisten Menschen heute Ludwig Klages' Werk, sofern sie überhaupt Kenntnis davon erhalten, weitgehend exotisch. Woran liegt das? Und warum findet Klages in den Geisteswissenschaften selten eine Anerkennung? Ist er mit seiner „Phänomenologie der Seele", die qualitativ auf diesem Gebiet Hegels „Phänomenologie des Geistes" durchaus gleichkommt, ein Denker, der mit seiner Gedankenwelt nicht mehr dem Bewußtseinsstand der heutigen Zeit entspricht?

Auf den ersten Blick erscheint Ludwig Klages eher als sehr modern. Schließlich wurden zum Beispiel seine Argumente gegen die zügellose technische Entwicklung, mit Beschreibungen von und Warnungen vor der gigantischen und irreversiblen Naturzerstörung von vielen ökologischen Gruppierungen aufgenommen. Für deren Vertreter war Klages in dieser Beziehung eine Art Prophet, klagte er doch die zivilisierte Menschheit, die ihre eigene Umwelt schonungslos zerstört, schon Anfang des zwanzigsten Jahrhunderts an und nicht erst vor dem Übergang ins nächste Jahrtausend, wo „ökologisches Denken" zum unumgänglichen Bestandteil des zeitgenössischen humanistischen Bildungsbürgers gehört.

Indes, selbst dieses doch mehr historische Interesse an Klages bewirkte kaum einen größeren Bekanntheitsgrad für diesen Lebensphilosophen. Er führt weiterhin ein Schattendasein in dem Bereich des philosophischen und psychologischen Denkens. Das hat gewichtige Gründe, die seine einzigartigen Beschreibungen bestimmter Wirklichkeitsbereiche keineswegs schmälern, die Ergebnisse jedoch relativieren.

Wie jedes bedeutende Werk, so hat auch das von Ludwig Klages geistige Horizonte geöffnet und dadurch die vorherrschende Gedankenwelt wesentlich bereichert. Ähnlich der Romantik, die die Aufklärung ergänzend relativierte, gab Klages der geistigen Auseinandersetzung seiner Zeit mit der Seelenkunde eine wesentliche Nuance hinzu. Sie blieb im damaligen Gegenwartsdenken nicht unbeachtet, wurde aber doch weitgehend unterbelichtet.

Da die seelischen Erscheinungen in erster Linie von Hingebung und Leidenschaft gekennzeichnet sind, verwundert es nicht, daß der Wiederentdecker der umfassenden (also nicht nur persönlichkeitsbezogenen) seelischen Offenbarungen sich ebenfalls in dieser Form zu Wort meldete; zunächst in schwelgender, lebensvoller Dichtkunst, später in theoretischer Auseinandersetzung mit dem Phänomen der Seele.

Weil die lebensgebundene Seele, Klages hauptsächlicher „Untersuchungsgegenstand", reine (philosophisch korrekter formuliert: absolute) Hingabe ist, ist sie nicht nur unendlich bzw. ewig, sondern ebenso „unschuldig". Wobei genau genommen die Seele, wenn sie in einer unlöslichen Weltverwobenheit erscheint, jenseits von Schuld und Unschuld, Böse und Gut usw. ist. Erst in ihrer eigenen Auseinanderlegung als betrachtende gegenüber der zu betrachtenden Seele vermag sie zumindest auf einer Seite die Unschuld festzuschreiben. Das heißt, in letzterem Fall ist die Seele in ihrer Ganzheit keineswegs mehr unschuldig. Der Betrachter kann also, indem er die Reinheit und Lauterkeit entweder bei den angeschauten seelischen Phänomenen oder bei sich selbst sanktioniert, die Unschuld der Gesamtheit der seelischen Äußerung nicht mehr finden (bzw. die Aufhebung der Wertdifferenz von Schuld und Unschuld herbeiführen). Als den Unterschied Gewahrender verstärkt er vielmehr den Gegensatz beider Seiten, kristallisiert ihn.

Da dieser Gegensatz, der bei Klages in allgemeiner Form als Kluft zwischen Geist und Seele auftritt, eigentlich eine Einheit bildet, bedingt die eine Seite die jeweils andere, setzt sie sogar voraus. Das bedeutet unter anderem auch, je leidenschaftlicher und zügelloser für eine Hälfte des Zusammenhangs Partei ergriffen wird, um so nachdrücklicher, ob gewollt oder nicht, erfährt die andere Hälfte eine Verdammung. Genau in diesem Dilemma befinden sich Klages' Gedankenexkurse. Allein schon deswegen hat der Titel von Klages' Hauptwerk „Der Geist als Widersacher der Seele" seine Berechtigung. Wenn auch das Wort „als" auf eine von vielen Eigenschaften des Geistes hinweist, konzentriert sich Klages' Analyse auf genau diesen Antagonismus von geistigen Akten und seelischem Lebensrhythmus.

Es ist hier nicht der Platz, Ludwig Klages' Untersuchungen in dieser Richtung genau unter die Lupe zu nehmen, eine extrem vereinfachte Zusammenfassung muß genügen. Klages zeigt an einer Fülle von Beispielen nicht nur die Vielfalt der seelischen Welt, sondern stellt zudem die einzige Existenzmöglichkeit des Geistes dar. Dieser kann sich nur verwirklichen, wenn er als Verneinung, im Gedankenprozeß als Töter des Lebens in dieses tritt. Einzig und allein indem der Geist dem Leben Widerstand leistet, sich von den Erlebnissen distanziert, findet er über diesen Umweg verstandesmäßigen Zugang zum Leben, kann er es als etwas ihm gegenüber anderes setzen, dann anschauen sowie behandeln und schließlich begreifen. Man kann es auch „positivierter" (ontisch) ausdrücken: Das Tier wird erst zum Träger des Geistes im menschlichen Sinne, wenn es der Realität als ein Wesen mit Idealen entgegentritt, das den „objektiv" vorhandenen Gegebenheiten ideelle Gegenwehr leistet, wenn es sich also in einem aktiven willkürlich-schöpferischen Akt die Freiheit nimmt, nicht nur real zu sein. (Im Volksmund wird es als Binsenweisheit so formuliert, daß ein Mensch ohne Hoffnung – was schließlich auch ideale Vorstellungen sind – nicht leben kann.)

Nun gelangt Ludwig Klages am Ende seines Hauptwerkes in eine Sackgasse. Auf seinem Weg der Offenlegung der Verschiedenheit von Geist und Seele, den er unbeirrt gegangen ist und so einen Reichtum an Weisheit ans Licht brachte, konnte er eine ganz entscheidende Frage nicht beantworten, nämlich die, wo der Geist herkommt. Der einzige Hinweis, den er gibt, ist die Behauptung, daß der Geist außerkosmisch ist, was so gänzlich abwegig nicht sein muß, wenn der Geist einzig Negation und nichts weiter ist, während die Vorstellungen vom Kosmos doch weitgehend an die sinnliche Welt gebunden sind, trotz seiner für den Menschen unendlichen (und damit letztlich uneinsehbaren) Dimension.

Indem Klages die Frage nach der Herkunft des Geistes offen läßt und zudem einsieht, daß er darauf nicht zu antworten vermag, bezeichnet er die Grenze, die er keinesfalls überschreiten darf, wenn nicht sein Gedankengerüst ins Wanken geraten soll. Freilich behauptet er, daß der fehlende Ursprungsnachweis des Geistes nicht seine wahrgenommenen Charakteristiken aufhebt. Er schreibt: Es ist „uns nicht gelungen, zu erklären oder verständlich zu machen, auf welche Weise ehedem – also vor Jahrtausenden in irgendeiner Menschengruppe – der erste Einbruch des Geistes habe stattfinden können. Wir zweifeln nicht, daß von den Kritikern aus persönlichem Widerwillen der eine oder andere das freudig aufgreifen und uns zu verstehen geben wird, an dieser Unzulänglichkeit zerbreche das ganze System. Allein es bedarf gewiß keines Scharfsinns, um die Unechtheit eines derartigen Einwandes bloßzustellen. Beweist jemand zwingend, daß etwas existiert oder statthat, so täte dem Beweis nicht einmal die Gewißheit prinzipieller Unerklärbarkeit des bewiesenen Sachverhaltes Abbruch, geschweige denn vorläufiger Unerklärbarkeit." (Ludwig Klages: „Der Geist als Widersacher der Seele", S. 1430) Dem ist durchaus zuzustimmen, sein System erfährt jedoch durch sich selbst Einschränkungen, die gerade die Entdeckung möglicher Herkunftsbereiche des Geistes erschweren. In erster Linie ist es Klages' Inkonsequenz bei der Betrachtung der wichtigsten Eigenschaft des Geistes. Er glaubt, die Negation, die geistige Prozesse erst hervorbringt, unterwandern zu können, indem er sie gliedert in geistabhängiges und lebensabhängiges Denken. Mit letzter Denkungsart ist Klages überzeugt, dem Vorwurf begegnen zu können, daß sein Werk doch auch ein Produkt des Geistes sei, also der Erscheinung, der er so schrecklich negative Wesensmerkmale attestiert. Ludwig Klages konkretisiert den an ihn gerichteten Vorwurf so: „Falten wir zunächst einmal auseinander, was eigentlich gemeint ist, so sieht es etwa so aus: wer etwas widerlegt, der urteilt jedenfalls – urteilen kann man nur mit Hilfe des Geistes – auch jedes Bewerten und folglich z. B. jedes Verurteilen ist eine Art des Urteilens – wer den Wert des Geistes verneint, verneint unter anderem den Wert des Urteilsvermögens – folglich: das Urteilsvermögen verneint urteilend seinen eigenen Wert ..." (ebenda S. 1418) Seinen Ausweichversuch gegenüber dieser absurd erscheinenden Logik dokumentiert er in einer Anmerkung zu diesem Abschnitt: „Zur Auflösung eines scheinbaren Selbstwiderspruchs von äußerlich ähnlicher, innerlich jedoch andrer Art führt die Erwägung, daß unter der Voraussetzung einer schlechthin verneinenden Natur des Geistes der Geist auch die Ergebnisse seiner lebensverneinenden Tätigkeit zu verneinen imstande sein müsse. Allein, so wichtig diese Feststellung für gewisse Folgen und Erfolge der Wirksamkeit des Geistes werden kann, so betrifft sie doch nicht den Fall, der uns hier beschäftigt: daß nämlich nicht etwa der Wert der Wahrheitsfindung, sondern der Wert des Denkens und Erkennens im Verhältnis zum Wert des Lebens und Erlebens in Frage gestellt wird ..." (ebenda S. 1478) Damit wird deutlich, Klages erkennt sehr wohl die immer vorherrschende Wesenseigenschaft des Geistes, glaubt ihr aber durch geistige Flucht ins Leben einen positiven Gehalt abzugewinnen. In Wirklichkeit versucht er die geistige Negation zu positivieren.

Auch der sogenannte lebensabhängige Geist, wie er vornehmlich in den rituellen Kulturen vorzufinden gewesen sein soll, erhält seine Daseinskraft und Dynamik durch die Verneinung des Lebens, dem entschiedenen Einspruch des Denkenden gegen eine enge Lebensverbundenheit. Das heißt, auch in dieser Denkungsart wird der „natürlichen Existenzweise" Widerstand geleistet. Mit den Ritualen wollten die alten Völker nicht in erster Linie eine Wiederherstellung der alten animalischen Lebensweise erlangen, wie es heute oft genug als fast einziges Bestreben angenommen wird, vielmehr sollte die Weltbegegnung schöpferisch erzeugt werden, damit sich der Mensch der Stellung in seiner Welt bewußt werde. Wen wundert es dann, daß bei diesen Zeremonien besonders häufig gewalthafte Einschnitte in das Dasein dargestellt bzw. von den Teilnehmern erlebt wurden. Dies gleicht dem Geist, der als Töter mit seinen denkenden Akten wie mit einer Axt Kerben in den Lebensfluß schlägt.

Kurzum, Klages beschreibt die Daseinsweise des Geistes in der Art und bis zu dem Punkt, wie er sich in unserer Zeit im äußeren Erscheinungsbild der Erde deutlich gewahren läßt, nämlich in der Naturzerstörung durch den Geistträger. Um dies zu erklären, trennt er den Geist von der Seele und macht diese zum Unschuldigen und Guten, womit er sich den Weg zur Einsicht versperrt, daß der Geist selbst ein seelisches

Phänomen ist; eine schöpferische Setzung der Seele aus sich selbst heraus, so daß sie sich als Anderes ihrer selbst gewahren kann. Das heißt, erst diese gedankliche (nicht reale) Zersplitterung oder Auseinanderreißung eines ursprünglich Ganzen ermöglicht es der Seele, sich selbst zu erkennen. (Wie das vonstatten gegangen sein kann, versucht der Verfasser ebenfalls in vereinfachter Kürze in dem Aufsatz „Die Keuschheit und das Problem der Auffassung des Geistes bei Ludwig Klages" darzustellen, der im Kapitel „Von Unveröffentlichtem" in diesem Buch zu finden ist.)

Daß das Denken im Verhältnis zum Erleben ein Zustand des Mangels ist, hat Klages genau gesehen. Ebenso hat er analysiert, daß nicht der Geist von sich aus Schöpfer der logischen (= sachlichen) Haltung ist, „sondern der Geist unter dem Zwang von Nötigungen, die aus dem Erleben der Wirklichkeit stammen" (ebenda S. 1419), sein Dasein erhält. Den Gedanken jedoch, daß sich eine solche Nötigung aus seelischen Zuständen ergibt, hat er nicht konsequent weiterverfolgt. Er hätte ihn auch verwerfen müssen, weil er sonst sein als fast unaufhebbar postuliertes Widersachertum von Geist und Seele nicht hätte aufrechterhalten können. Schließlich würde in einem solchen Fall die Einheit dieser Gegensätzlichkeit hervorschimmern. Wobei diese Einheit wiederum nur den Gegensatz des Gegensatzes von Geist und Seele darstellt.

Die Stellung des Geistes zur Seele im Denken ist eigentlich erst (im Hegel'schen Sinne) begriffen, wenn man den Zusammenhang der Einheit und Gegensätzlichkeit dieser beiden Erscheinungen versteht, der die Einheit der Einheit und Gegensätzlichkeit ist. Das ist nun eine Einsicht, die nur noch zu denken möglich ist und keineswegs mehr eine direkte ontische (seiende) Entsprechung im menschlichen Weltbild hat.

Zusammengefaßt können wir also feststellen, daß Ludwig Klages bei seiner Untersuchung der Erscheinung des Geistes auf Grenzen stößt, weil er den Geist einer Positivierung unterzieht, das heißt, daß er ihn in seinem Denken wie eine seiende Gestalt behandelt. Er bezeichnet zum Beispiel das Wachsen der Selbstherrlichkeit des Geistes als „positives Nichts" (ebenda S. 1420). Doch der Geist fungiert nur als Unsichtbarer, Unsinnlicher, als ganz und gar substanzlos Daseiender. Klages wußte das, beachtete es aber nicht bis zur letzten Folgerichtigkeit.

Der Geist ist zwar durch seine Negativität Gewaltherrschaft, sobald er sich im Leben verwirklicht hat, aber er übt seine Herrschaft nicht als positive Gewalt aus, er riskiert vielmehr in passiver Weise seinen eigenen Untergang, wie die geschichtlichen Geschehnisse im letzten Jahrhundert im Ansatz zeigten. Der Geist kann zudem nur passiv bzw. indirekt als Gewalt wirken, weil seine Negation, seine Verneinung, sich ausschließlich auf logischer Ebene vollzieht. Für sich allein kann der Geist keineswegs eine tatsächliche, zerstörerische Macht sein, er ist vielmehr in erster Linie ein Potential. Positive Gewalt kann das Denken dementsprechend erst werden, wenn es durch substantielle Phänomene, wie eben den Menschen, dazu benutzt wird oder benutzt werden muß, wenn der Geist also eine Vereinnahmung durch die Seele als Substanz erfährt. Eine derartige Nutzung des geistigen Potentials haben wir in der heute stärker denn je vorherrschenden Ich-betonten Selbstbehauptung, bei der das Individuum das ihm fremde Andere fast ausschließlich im moralischen und juristischen Sinne beurteilt. Letzteres kritisiert gerade Klages, vermeint jedoch die Ursache dafür allein im Geist zu finden.

Doch erst wenn verstanden wird, daß der Geist als das Andere der Seele ein Lebensphänomen, das heißt, der Geist ebenso Seele ist, wenn also die Seele nicht mehr bloß außergeistige Erscheinung ist, sondern im Menschen gewachsen zu einer Einheit von Geist und Seele, die die Gemeinsamkeit und Unterschiedlichkeit von Seele und von sich selbst abgestoßener Seele, die damit geistige Seele ist, gleichzeitig zum Ausdruck und zum Tragen bringt, nähern wir uns unserer menschlichen Wirklichkeit, die sich in dieser Weise in der „Außenwelt" schon längst präsentiert bzw. verwirklicht hat.

Von hier aus können wir zumindest tendenziell die Frage beantworten, warum Klages' Untersuchungsergebnisse in ihrer Gesamtheit keine Breitenwirkung mehr haben (Einzelergebnisse aus seinen Arbeiten, das stellt er selbst schon zu Lebzeiten fest, wurden hingegen sehr wohl in vielen verschiedenen Wissenschaftsbereichen aufgegriffen und erfuhren ihre Weiterverwendung). Ein stark mitentscheidender Grund ist, daß Klages mit seinem lebensphilosophischen Werk, ähnlich wie C. G. Jung im psychologischen und Karl Marx im gesellschaftspolitischen Bereich, zwar eine tiefsinnige Ist-Beschreibung der geistig-seelischen Verfaßtheit des Zivilisationsmenschen wiedergibt, jedoch keine wirklichen Lösungen des wesentlichen Gegenwartsproblems, das Wolfgang Giegerich treffend als „Neurose des Abendlandes" bezeichnet, aufzeigen konnte. Er bietet, wie eben Jung und Marx auch, lediglich Scheinlösungen an, die das Problem aber eher umgehen. So konsequent alle drei Denker in ihren Untersuchungsbereichen bei der Benennung der jeweiligen gegenwärtigen Schwierigkeiten sind, mit denen die Menschheit konfrontiert wurde und die mittlerweile zum Teil für die Erdenbürger existentielle Dimensionen angenommen haben, so inkonsequent sind sie, wenn sie Schlüsse aus ihren Ergebnissen ziehen sollen. Auch Klages bietet lediglich Nischen an, die für den Einzelnen durchaus Fluchtorte sein können, in denen er Beruhigung findet, ähnlich wie durch altehrwürdige religiöse Zeremonien auch heute noch Menschen eine zeitweilige individuelle Versöhnung mit den äußeren Umständen erzielen; doch auf das Leben insgesamt bezogen zeigen weder die verschiedenen vorherrschenden Religionsformen noch Klages' Gedankenwelt ernsthafte Möglichkeiten auf, wie das menschliche Individuum als Geistträger seine heutige Wirklichkeit begreifen könnte, sprich, wie es jenes geistige Niveau für sich erreichen kann, in dem es längst lebt.

Mit Klages' Werk ist der Sinn unseres derzeitigen Menschseins nicht zu erfahren. Aber es ist mit seiner stärkeren Bewußtmachung der seelischen Phänomene und seinen Warnungen vor den Möglichkeiten der negativen Wirkung des menschlichen Geistes ein wichtiger Meilenstein auf dem Weg dahin.

Will man den redlichen Anstrengungen von Ludwig Klages gerecht werden, muß man über seinen geistigen Horizont hinauswachsen, Klages' selbst gesetzte Grenze überschreiten.

Es hilft beispielsweise wenig, gegen die Gentechnologie zu moralisieren, denn die Praxis zeigt, daß solche Appelle der weiter fortschreitenden Forschung keine wirkungsvollen Grenzen setzt. Wir sind als Menschheit von der Faszination dieser Entwicklung längst ergriffen, auch wenn wir persönlich Bedenken dagegen erheben. Doch diese Einwände werden erst wirksam beachtet, wenn wir einen solchen Werdegang, wie die Entwicklung der Genforschung, verstanden haben als eine von vielen Eventualitäten des Auslebens unseres geistigen Potentials. Denn ein solches Begreifen schafft im Menschen eigentlich erst die Voraussetzung, sich und anderen gegenüber wirkungsvolle Verantwortung für das eigene Handeln zu übernehmen. Und nur in dieser Weise nähern wir uns dem Sinn des menschlichen Daseins. Jegliche uneinsichtige Donquichoterie gegen bestimmte Entwicklungstendenzen läßt uns letztlich nur eine sinnentleerte Welt vorfinden.

Das Leben ist Wandlung. Kaum einer hat dies eindrucksvoller beschrieben als Ludwig Klages. Einzig dem geistigen Leben gab er wenig Wandlungschancen, unter anderem darum, weil er es nicht als Lebensphänomen, als seelisches Leben begriff.

(2004)

Von Filmen und Büchern

Die Lebenserfahrung, die ein Mensch im Laufe seines Daseins macht, rührt von persönlichen Erlebnissen her. Dabei bleiben markante Ereignisse des individuellen Lebenslaufes in bleibender Erinnerung. Glücks- oder Leidensmomente gehören dazu, aber auch überraschende geistige Einsichten.

Je empfindsamer ein Mensch fühlt, desto intensiver durchlebt er jene Begebenheiten, die für ihn geronnene Vergangenheit werden und in dieser Form seine Gegenwart mitbestimmen können.

Aber nicht allein Erfahrungen, die auf tatsächlich abgelaufenen Geschehnissen basieren, können momentane Entschlüsse und Handlungsweisen beeinflussen. Ebenso Phantasien oder angenommene bzw. auf Glauben beruhende Wirklichkeiten vermögen die Persönlichkeitserfahrungen zu bereichern, weil auch Einbildungen, wenn sie bei einem Menschen wirken, zu einer Bewußtseinserweiterung führen.

Das Lesen von Büchern und in den letzten fünfzig Jahren das Ansehen von Filmen gehören zu jenen phantasiebildenden Möglichkeitsformen, die in nicht unerheblicher Weise die individuelle Lebenswelt erweitern können. Beide Medien (hier wörtlich zu verstehender Begriff als Mittel – Mittler – zur Kommunikation zwischen Autor/Filmemacher und Leser/Zuschauer) werden indes auch dazu benutzt, den Bereich der „Freizeit" auszufüllen. Mit letzterem ist eine tatsächlich freie Zeit gemeint, über die der Zivilisationsmensch im Industriezeitalter nahezu willkürlich verfügt. Es ist ein Freiraum der Beliebigkeit, in dem der Mensch glaubt, keine für das Leben wichtige Handlung auszuführen, die also nach seiner Ansicht keinem Existenzzwang unterliegt. Lapidar formuliert, könnte man auch von einer Zeitspanne sprechen, in der der moderne Erdenbürger seine Langeweile tötet, die eben durch die Freiheit von existentiellen Nöten leicht entstehen kann; oder nicht so negativ ausgedrückt, in der er sich meist einfach nur unterhalten läßt.

Es darf in diesem Zusammenhang nicht dem heute häufig anzutreffenden intellektuellen Vorurteil verfallen werden, daß die sogenannte Trivialliteratur oder bloße Unterhaltungsfilme einzig dazu dienen, diese eigentlich freie Zeit auszufüllen und demgegenüber allein der „ernsthafte Literatur- bzw. Filmbetrieb" zur oben genannten Erfahrungsbereicherung beiträgt. Erstere Gattungen vermögen ebenso ohne weiteres den individuellen Lebenshorizont zu erweitern, indem sie Situationen beschreiben, die der Aufnehmende so noch nie erlebt hat und vielleicht auch nie erleben wird, so daß er einzig durch das künstlich gesetzte Geschehen zu Einsichten gelangt, die durchaus auch seinen weiteren Lebensweg mit lenken könnten.

Damit ein „Kunstprodukt" dies bewirkt, ist es nicht ausschlaggebend, welches geistige Niveau es ausdrückt, sondern wie nah es der erlebbaren Wirklichkeit des Lesenden bzw. Zusehenden kommt. Das bedeutet demgemäß, daß es für jeden Einzelnen einen ganz spezifischen Wertmaßstab gibt, der seine Entscheidung mitbestimmt, mit welchem Buch oder mit welchem Film er sich auseinandersetzen möchte. Bei entsprechender Begeisterung für deren gestalteten Inhalt könnte die Erfahrungswelt des Aufnehmenden dadurch mit bereichert werden.

Daß letzteres geschieht, setzt jedoch voraus, daß der Empfangende das Vermögen besitzt, sich in die der Phantasie entnommene Geschichte hineinzuversetzen. Nur wenn er für sich eine (geistig-seelische) Atmosphäre für das dargestellte Geschehen und die darin handelnden Personen aufbauen kann, ist er in der Lage, die geschilderten Ereignisse in seine

Erlebniswelt zu integrieren. Gelingt ihm das, kann er mit der Erzählung leben, und das aus ganz verschiedenen Betrachtungsweisen heraus.

Kurzum, das Kunstwerk (und hier ist das buchstäblich künstlich erzeugte schöpferische Produkt gemeint, das mit keiner tatsächlich abgelaufenen Handlung identisch sein kann) wird von jedem Menschen in unterschiedlicher Weise aufgenommen und erfahren. Das wiederum bedeutet, daß eine Empfehlung von Lektüren bzw. Filmen oder gar das Schenken von Büchern, sofern sie eine dankbare Annahme finden sollen, entweder die Kenntnis des Geschmacks des anderen oder das annähernde Wissen um die Art des Erfahrungsammelns in seiner Erlebniswelt voraussetzt. Umgekehrt kann behauptet werden, daß bei Menschen mit ähnlich gelagertem Kunstgeschmack, der freilich schon ein annähernd gleiches intellektuelles Niveau bei ihnen bedingt, es sehr wahrscheinlich ist, daß sie eine mehr oder weniger übereinstimmende Empfindungsweise besitzen – um nicht zu sagen, daß eine Seelenverwandtschaft vorhanden sein kann. Nur in letzterem Fall bringt ein Geschenk künstlerischer Art wirkliche Freude und kann den Beschenkten zudem bereichern.

Wenn dem Lesenden eines Buches oder dem Zuschauer eines Filmes eine echte Berührung mit dem geschilderten Geschehen nur gelingt, wenn er zu diesem eine wirkungsvolle Beziehung erfährt – egal welcher Art, auf geistiger oder gefühlsmäßiger Ebene –, so stellt sich die Frage, ob das beim Lesen eher und eindringlicher geschieht als beim Sehen eines Filmes.

In erster Reaktion wird bei der Beantwortung meist das Buch gegenüber dem Film favorisiert. Und auf den ersten Blick erscheint es tatsächlich so, weil, im Gegensatz zum Sehen eines filmischen Werkes, das Lesen wesentlich bedächtiger vollzogen wird. Der Leser hat also viel mehr Zeit, eine Atmosphäre für die Handlung und die Handlungsträger zu entwickeln, die seiner Empfindungswelt entspricht. Wiewohl auch dieser Langsamkeit Grenzen gesetzt sind; entstehen lange Lesepausen, muß das Fluidum für die Romanerzählung immer wieder neu aufgebaut werden.

Indes, die größere Zeitspanne, die dem Leser zur Verfügung steht, kompensiert der Film, indem er mehrere Sinne anspricht. So wird mit dem Film nicht nur der Sehsinn des Zuschauers herausgefordert, sondern vorzüglich auch sein Gehör aktiviert.

Geräusche spielen beim Film eine ganz wesentliche Rolle und werden in ebenso künstlicher Weise eingesetzt wie bei der visuellen Umsetzung einer Filmidee.

Das Bild einer Filmszene gibt immer nur einen Abschnitt der Lebenswirklichkeit wieder. Genauso eingeschränkt ist die filmische Geräuschkulisse gegenüber den tatsächlich vielfältigen Lautklängen des Alltags.

So werden die Geräusche im Film ganz gezielt verwendet. Sie haben meist hinweisenden Charakter. Besonders deutlich wird dies bei der akustischen Darstellung einer Naturlandschaft. Dabei wird oft überbetontes Vogelgezwitscher eingespielt, das in Wirklichkeit in solcher Intensität nur in wenigen Stunden des Tages und außerdem nur in ganz bestimmten Vegetationsperioden zu hören ist. Die Klangwelt erfährt im Film also eine wesentliche Reduzierung, damit der Filmzuschauer zusätzlich ein Orientierungsmittel bekommt, um die Szenenaussage des Regisseurs schnell zu erfassen. Geräusche können im Film sogar handlungstragend sein. Bestes Beispiel dafür ist die knarrende Tür, die die Spannung einer Szene noch wesentlich steigern kann. Oder das Geräusch eines Regenfalles wird dramaturgisch verwendet, um beim Zuschauer eine typische Novemberstimmung entstehen zu lassen, damit er beispielsweise eine bestimmte seelische Befindlichkeit der dargestellten Person nachzuempfinden vermag. Eine solche Klangkulisse kann auch der äußeren Umwelt eine trübsinnige Charakteristik geben.

Das Gehör wird im Film aber nicht allein durch einzelne Geräusche aktiviert. Eingespielte Musik kann ebenso über dieses Sinnesorgan bestimmte Stimmungen erzeugen. Bei einem qualitativ hohen Niveau der Filmmusik verleiht diese dem dargestellten Geschehen eine wesentlich erweiterte atmosphärische Dimension. Prägnante Filmmusik kann bei dem Zusehenden Emotionen freisetzen, die der visuelle Bildeindruck allein nicht herzustellen vermag, und schon gar nicht das geschriebene Wort im Buch. Es verwundert also nicht, daß der Verkaufsmarkt der Filmmusik ein beträchtliches Ausmaß angenommen hat, weil auch im Nachhinein eine wirkungsvoll eingesetzte Musik allein schon für sich jenen tiefen Eindruck wiederbeleben kann, den der Zuschauer beim unmittelbaren Sehen des Filmes gewonnen hatte. Somit ist es möglich, daß durch diese akustische Reminiszenz die beim Filmerlebnis vielleicht entstandenen neuartigen Erfahrungen wieder erinnert werden.

Zusammengefaßt kann also festgestellt werden: Sowohl das Buch als auch der Film haben in ihrer je spezifischen Weise jenes Potential, das es dem Lesenden wie dem Filmzuschauer ermöglicht, eine individuelle Beziehung zu dem jeweilig dargestellten Stoff zu entwickeln, die dann durchaus zu einer Bereicherung der persönlichen Lebenswelt führen kann. Deswegen ist das Schenken oder Empfehlen von Büchern wie von Filmen nicht nur eine Offenbarung der seelischen und geistigen Welt des Gebenden bzw. Empfehlenden, sondern gleichzeitig sein Hinweis, daß er glaubt, für den Beschenkten ein liebevolles Verständnis zu haben und auf dieser Grundlage vielleicht die angenommene seelische Verwandtschaft mit ihm vertiefen möchte.

(2004)

Von Selbstkommentaren zu eigenen Veröffentlichungen

Hat man einen Text oder gar ein Buch geschrieben und legt es als etwas Fertiggestelltes in sein Schubfach oder gibt es zur Veröffentlichung frei, dann wird es in beiden Fällen der Welt preisgegeben.

Die Formulierung einer „Preisgebung" erscheint auf den ersten Blick ungewöhnlich, nimmt man doch allgemein an, daß das Schreiben meist mit dem Ziel verfolgt wird, es letztlich interessierten Lesern zur Verfügung zu stellen. Doch diese angenommene Selbstverständlichkeit erscheint nur äußerlich so fraglos.

Die schöpferische Erzeugung eines Essays, eines Buches oder eines Vortrages ist durchaus zu vergleichen mit der biologischen Entstehung eines Menschen. Zunächst kommt es zu einer befruchtenden Idee, die sich dann, wie das befruchtete Ei im Mutterleib, auf der Grundlage des hier geistigen Nährbodens des Verfassers entwickelt. Wenn schließlich das geistige Kind ausgereift ist und in schriftlicher Form vor einem liegt, dann will dieses in die Welt hinaus, es will in sie geboren werden.

Der Geburtsvorgang, also das Loslösen des Autors von seiner Arbeit, kann auch schmerzhaft sein, nämlich wenn er sich klar macht, daß er etwas notwendigerweise Unvollkommenes, Unfertiges der Welt schenkt.

Wie eine Mutter weiß, daß das neugeborene Kind noch keineswegs selbständig leben kann und deswegen der mütterlichen Pflege bedarf, so fühlt sich ein Schriftsteller oft angehalten, seinen Veröffentlichungen eine ähnliche Betreuung zukommen zu lassen. Ergebnis dieser Verhaltensweise sind Kommentare zu den selbstverfaßten Texten, die dem Inhalt eine erklärende Note hinzufügen sollen, nicht selten in dem Glauben, daß mit der jeweiligen nachträglichen Erklärung (manchmal sogar Rechtfertigung) der Leser nun doch den Text genau so verstehen wird, wie es der Verfasser mit seinem Schriftstück erreichen wollte.

Die Überzeugung des Schriftstellers, daß der spätere Leser das Werk so versteht, wie er es zum Ausdruck bringen wollte, würde sehr schnell eine Widerlegung erfahren, wenn beide sich detaillierter über den Inhalt unterhalten könnten. Sie kann indes beim Schreiben hilfreich sein. Der Schreibende behält dann eine unschuldig-direkte Beziehung zu dem, was er aufs Papier bringt. Eine ideale Voraussetzung für den Autor, sich ausschließlich in seine Gedankengänge zu vertiefen und sie schriftlich zu fixieren. (Ein Schriftsteller zum Beispiel, der beim Schreiben immerzu an die mögliche Leserschaft denkt, kastriert sein Schöpfertum, weil er dann zu einem Sklaven seiner von ihm eingebildeten Erwartungshaltung geworden ist.) Hier können wir den oben angeführten Vergleich mit der Beziehung von Mutter und Kind umkehren. Denn auch da kann der unschuldige Glaube der Eltern, sie müßten das Kind so erziehen, wie sie sich selbst erziehen würden, eine Stütze für ein sicheres Auftreten der Erwachsenen gegenüber dem Kind sein. Eine solche Überzeugung ist sehr hilfreich und gewinnbringend für die Gestaltung des komplexen und komplizierten Weges einer gemeinsamen Beziehung. Dabei kann es von Seiten der Erziehenden im Laufe der Zeit durchaus auch zu Fehlentscheidungen kommen, die die Entwicklung des Kindes sogar hemmen. Aber solche Hindernisse sind für das Kind auch Bereiche, wo es seine Eigenständigkeit und Autonomie gegenüber seinen Erzeugern entwickelt und erkämpft. Die allzu verständigen Eltern, die glauben, den gesamten Erziehungsprozeß zu übersehen, können für den Heranwachsenden auch problematisch sein (was sowohl Eltern als auch Kinder in diesen Fällen keineswegs durchschauen), denn durch ein oft künstlich erzeugtes Einsehen der Eltern fehlen dem Kind Bewährungsmöglichkeiten, bei denen es die wachsende Selbständigkeit in seinem Umfeld testen kann, um sie zu festigen bzw. abzurunden. Ergebnis eines beständig auf Verständnis der Erwachsenen beruhenden häuslichen Friedens sind junge Menschen, die in der Fremde sehr verunsichert auftreten, aber gleichzeitig eine Selbstsicherheit zur Schau stellen, die gerade die Verunsicherung verdecken soll. Diese tritt jedoch sofort ans Tageslicht, sobald wirkliche Probleme das Dasein des Jugendlichen bedrängen.

Es ist also, um auf unser Ausgangsthema zurückzukommen, ein Trugschluß des Autors, wenn er den verfaßten Text nur mit einer Art des Verstehenkönnens koppelt. Im Gegenteil, durch die Freilassung des Schriftstückes an die Leserschaft bekommt dieses noch einmal eine eigenständige und sehr dynamische Entwicklung. Denn nun erhält es seinen Prüfstein in der Fremde. Und jeder aufmerksame Leser bereichert die niedergeschriebenen Sätze durch die dem Autor gegenüber ganz andersgeartete geistig-persönliche Perspektive. Der Inhalt des Buches beginnt dann im wahrsten Sinne des Wortes zu leben.

Letzteres bekommt der Verfasser nur in sehr seltenen Fällen mit. Umfassend eigentlich nur, wenn das Buch einen großen Erfolg hat. Deswegen muß man auch von einem Loslassen des Textes sprechen, wenn der Schriftsteller seine Arbeit der Öffentlichkeit übergibt. Der Inhalt des Textes lebt dann für sich fort, soweit er von einer Leserschaft aufgenommen wird, auch wenn diese noch so klein ist. Denn dann erhält das Buch Wirksamkeit, ganz gleich, ob der Leser sich ablehnend gegenüber den Aussagen des Buches verhält oder von ihnen begeistert ist. Selbst wenn sie ihn schließlich gleichgültig lassen, ist diese Interessenlosigkeit eine Wirkung des vorher Aufgenommenen.

Jedoch der Inhalt des Buches erhält nicht nur in Bezug auf den fremden Leser ein Eigenleben; auch für den Autor wird das Schriftstück etwas Fremdes. Das hat vielerlei Gründe. Einer ist die schon erwähnte ganz andere Reaktion des Lesers, die der Autor eventuell von veröffentlichten Kritiken oder Leserbriefen erfährt. Ein weiterer ist der wachsende zeitliche Abstand zwischen der Niederschrift und des die Gegenwart weiter begleitenden Buches. (Durch den Druck des Verfaßten erhält der Inhalt etwas Unwiderrufliches, das in dieser Fassung nicht mehr zu korrigieren ist.) Und schließlich ergibt sich die Entfremdung des Autors der eigenen Arbeit gegenüber durch seine geistige Weiterentwicklung.

Allein schon durch die eben gerade aufgeführten drei Punkte nimmt der Verfasser mit der Zeit eine ähnliche Position zu seinen festgehaltenen Gedankengängen ein wie jeder andere Leser.

Die dann erfolgende Reaktion auf sein Werk fällt verständlicherweise ganz unterschiedlich aus. Sie ist abhängig von der Qualität des Geschriebenen und vom Charakter des Schriftstellers.

Kläglich ist freilich die sogenannte aufgeklärte Selbstkritik. Ein Autor, der seinen Text nach zehn oder zwanzig Jahren erneut liest und danach – vielleicht wieder in schriftlicher Form – versucht, Irrtümer zu korrigieren, der unterschätzt seine schöpferische Leistung in jener Zeit, als die Erstfassung entstand, und überschätzt seine gegenwärtige Geisteskraft. Solche Ergüsse wirken oft peinlich und bereichern kaum, denn das Unvollkommene soll mit andersgeartetem Unvollkommenem aufgewertet werden. Der Selbstkritik Übende durchschaut keineswegs, daß seine Arbeit immer eine Momentaufnahme des aktuellen Standes der persönlichen und zugleich allgemein geführten Weltauseinandersetzung ist, die nur dadurch Dauerhaftigkeit erfährt, weil sie von ihm auf Papier festgeschrieben wurde. Der Schreibende bzw. Denkende muß in jeder Phase seines Daseins mit dieser Vorläufigkeit seiner Aussagen vorlieb nehmen. Zu keinem Zeitpunkt darf er sich dünken, am Endpunkt einer Themenbehandlung angelangt zu sein (sofern es nicht um einen möglichen mathematisch exakten Abschluß geht, aber davon ist hier nicht die Rede). Wie es im Grunde auch keinen genau fixierbaren Anfang für sein Werk gibt. Wann jemand sich gedrängt fühlt zu schreiben und die ersten Sätze formuliert, läßt sich zwar bestimmen, aber wann und wie sich die Idee des Inhaltes bei ihm entwickelt hat, entzieht sich meist einer präzisen Angabe.

Indes müssen wir hier wohl unterscheiden zwischen der Tätigkeit des Schreibens zum Zwecke des Erfolges, des Prestiges oder des finanziellen Gewinns und des Schreibens als innerem Bedürfnis. Dies haben wir vornehmlich im Auge. Natürlich kann man bei letzterer Voraussetzung für die Werkentstehung ebenso Erfolg haben und mit den Büchern viel Geld verdienen, aber das ist nicht das Motiv für den Schriftsteller, den Stift in die Hand zu nehmen, vielmehr wäre das ein sekundäres Ergebnis.

Eine Ursache, warum Kritiken an früher selbst verfaßten Arbeiten oft „altklug" wirken, ist also die Nichtbeachtung des geistigen Status', in dem sich der Schreibende damals befand. Die frühere Dimension des Denkens kann nicht mehr mit der späteren übereinstimmen, wenn man von einer fortschreitenden geistigen Entwicklung ausgeht. Aus dem damals eingenommenen logischen Standpunkt heraus konnte für den Autor, wenn er tatsächlich mit dem Text seine eigenen Gedankengänge reflektierte, nur eben ein solches Buch entstehen, wie es als Endergebnis noch Jahre später zu begutachten ist. Daß dann, unter ganz anderen geistigen Voraussetzungen, eine andersgeartete Arbeit entstehen würde, versteht sich eigentlich von selbst und macht eine kritische Analyse von früher Verfaßtem überflüssig, wenn sie nicht als Abstoß zu einem Sprung hinein in einen neuen logischen Status dient. Das würde aber dann bedeuten, daß das zur Basis verwendete einstige Gedankengut nicht ein Abfallprodukt ist, von dem man sich distanzieren muß, vielmehr ein Überholtes darstellt, das im neuen Bewußtseinsstand als Aufgehobenes, jedoch nicht Verschwundenes, mitgeführt wird.

Dementsprechend wäre die Neufassung eines vor Jahren geschriebenen Textes nur sinnvoll, wenn er von der mittlerweile erreichten geistigen Höhe aus eine neue Bearbeitung bekommt, was meist zu ganz veränderten Aussagen führt, die mit den ursprünglichen nur noch wenig zu tun hätten. Eine auch formale Neufassung der Themenausarbeitung wäre dann wohl ergiebiger, zumal sie einen größeren Gestaltungsspielraum der Überlegungen bieten würde.

Kurzum, nur unter Beachtung des eigenen damaligen Denkvermögens ist ein erneutes Lesen der selbst verfaßten Bücher fruchtbar. Erst dann kommt es zu einer wirklichen Auseinandersetzung mit deren Resultaten, wie es bei einem fremden Leser automatisch geschieht. Bei ihm treffen durch das Lesen immer zwei unterschiedliche Weltbilder aufeinander, nämlich das seine und das des Autors. Die dabei entstehende Kommunikation bereichert, wie bereits erwähnt, sowohl den Text als auch die Welt des Lesers.

Der geistige Horizont des Aufnehmenden kann sich durch das Lesen aber auch verengen. Das geschieht, wenn der Leser seinen vom Autor abweichenden Bewußtseinsstandpunkt nicht beachtet oder, anders formuliert, wenn er den Inhalt des Buches ungedacht (genauer: sprachlos) zu seiner eigenen Anschauung macht. Der Lesestoff wird so nur noch empfangen und erfährt durch den Leser keine selbsttätige Auseinandersetzung mehr.

Eine solche Art des Lesens ist heute weit verbreitet. Deswegen ist diese Tätigkeit mittlerweile eine, die in großer Breite zu reinen Unterhaltungszwecken gebraucht wird. Romane, wie auch wissenschaftliche Arbeiten, werden gegenwärtig nur noch selten wirklich gelesen, indem man sich vom Verfasser mit seinem Text etwas sagen läßt und anschließend eine eigene Antwort darauf sucht. Vielmehr werden unterdessen Bücher fast ausschließlich dazu benutzt, um die Zeit auszufüllen, die der Zivilisationsmensch zur freien Verfügung hat, in erster Linie, um seine leer gewordene Welt mit beliebigen Inhalten aufzufüllen.

Aus diesem Grund genügt es nicht, wenn in großen Werbekampagnen junge Menschen angehalten werden, auch im Computerzeitalter Bücher zu lesen. Es kommt ebenso darauf an, das Lesen zu erlernen, sprich den Reichtum des Inhaltes der Lektüre für seine Welt nutzbar zu machen.

(2005)

Von Unveröffentlichtem

Bei den folgenden Seiten geht es nicht in erster Linie darum, vielleicht wichtig erscheinende Gedanken der Öffentlichkeit zu präsentieren, sondern hier soll anhand von ausgewähltem unveröffentlichten Material eine persönliche Geistesentwicklung beleuchtet werden. Sie zeigt zumindest sporadisch, wie eine Welt, ohne daß eine wesentliche äußerliche Veränderung eingetreten ist, eine andere Wirklichkeit bekommen kann, einzig weil die geistige Perspektive des Erlebenden auf sein Dasein eine Wandlung erfuhr.

All - Gemeinheit

(Auszüge aus einer Aphorismensammlung)

Damit ein Wesen auf dieser Erde leben kann, muß es Hunderte oder gar Tausende anderer Wesen vernichten, bis es entweder selbst vertilgt wird oder nach kurzer Erdenzeit an Altersschwäche stirbt. Allein unter diesem Gesichtspunkt ist das Leben „unverdaulich".

*

Der erste Selbstmord auf der Erde muß mit einem erleichterten Aufschrei des Menschengeschlechts begleitet worden sein; er gab uns die Gewißheit, daß wir uns selbst eliminieren können.

*

Der Mensch entwickelt eine instinktive Abwehr gegen eine „tiefe" Erkenntnis seines Lebens, da er spürt, daß er mit diesem Wissen nicht mehr „glücksfähig" ist.

*

Die Gründlichkeit, mit der wir die Natur in die Knie zwingen, ist faszinierend. Wir konzentrieren uns nicht nur auf eine Gefechtsart, sondern kämpfen mit verschiedenen Mitteln. Die Rodung der Wälder, die chemische Bodenabtötung, der industrielle Krieg gegen den Sauerstoff der Luft, die radikale Plünderung der Erdsubstanz reichen uns nicht aus. Um sicher zu gehen, sorgen wir für eine Überbevölkerung auf diesem Planeten. Und sollte uns die Selbstvernichtung dann immer noch zu lange dauern, haben wir ein Waffenarsenal, mit dem wir innerhalb kürzester Zeit „aufräumen" können.

*

Diese fieberhafte Geschäftigkeit, in die sich fast alle Menschen wie in einem Wahn stürzen, ist einerseits in der Angst begründet, zuviel über sich selbst nachdenken zu müssen, und andererseits in der Flucht vor der Langeweile zu sehen.

*

Wenn Melancholie eine Krankheit sein soll, so ist es die einzige, die mich gesunden läßt.

*

Von Philosophen kann man nicht lernen, jedes philosophische Buch kann nur eine Aufweckung des eigenen Gedankenprozesses sein. Deshalb hat jedes ernstgemeinte Werk seine Berechtigung, und wenn es noch so weit von mir entfernt ist.

*

Die Psychologie ist zu menschheitsverliebt, um dem Menschen global helfen zu können.

*

Eine Entdeckung, selbst wenn sie den Menschen weiterentwickeln könnte, würde nie mit dem Begriff „Fortschritt" ausgezeichnet werden, wenn sie den Wohlstand einschränken würde.

*

Dort, wo sich die Gedankenwelt mit dem Gefühl vereinigt, entsteht meine Angst; aber wenn diese Symbiose im Menschen zur Vorbildwirkung verkommt, dann verdient sie nur noch die Charakteristik: „Spielverderber des menschlichen Untergangs".

*

Wenn es keinen Grund für mein Leben gibt, warum soll es da einen Grund geben, aus dem Leben freiwillig zu scheiden – diese Feststellung von E. M. Cioran ist wohl die hauptsächlichste Ursache meiner weiterbestehenden Existenz auf Erden.

*

Sollte der Mensch irgend etwas mit Gott zu tun haben oder gar von ihm erschaffen worden sein, so ist Gottes Allmacht in Frage zu stellen.

*

Nicht der Tod ängstigt mich, denn er ist das einzig wirklich Gerechte, was das Leben für uns bereit hält, sondern die Vision eines Paradieses, weil es bevölkert sein wird mit unzähligen menschlichen Seelen – hört der Wahnsinn denn nie auf.

*

Wenn beim Jüngsten Gericht nicht die Sünden, sondern die Tränen gezählt würden, dann kann es dieses nicht mehr geben, denn eine Flutwelle des Tränenmeeres von Milliarden gottgeliebter Kreaturen hätte es für alle Zeit überschwemmt.

*

Ich weiß nicht, welche Sünde ich begangen habe, daß ich die Gemeinheit ertragen muß, in diesem All zu leben – ich weiß nur, daß ich jenen Fehltritt unwissend bereue.

*

Welch Verrat der Natur! Die Lust beim Tanz der Geschlechter, das überschäumende Gefühl der Kreaturen beim Zeugungsakt wird mit dem Schmerz der Geburt gesühnt. Hier beginnt die unversöhnliche Feindschaft des Menschen mit der Natur (also auch mit sich selbst), die erst mit dem Tod einen Ausgleich findet.

*

Nur Frauen konnten die Torheit der Geburt auf sich nehmen, Männer hätten sich längst der Geburt verweigert und uns vieles erspart.

*

Du glaubst mir nicht, daß das Leiden unser Leben von Anfang an begleitet, dann geh zu Neugeborenen und höre ihre verzweifelten Schreie, fühle, wie sie sich unglücklich in wachen Augenblicken ihres Lebens winden und verstehe, wie wir schreien würden, wenn nicht der Schein der Hoffnung unsere Sinne vernebelte.

*

„Kinder an die Macht" – dies würde die Vernichtung der Menschheit bedeuten, denn Kinder stehen auf der Seite der Natur, bis der Geist im Kind die erste Tötung vornimmt.

*

Erziehung: „Planmäßige und zielvolle Einwirkung auf junge Menschen, um sie mit all ihren Fähigkeiten und Kräften geistig, sittlich und körperlich zu formen und zu verantwortungsbewußten und charakterfesten Persönlichkeiten heranzubilden" – warum eine so komplizierte Definition, einfacher wäre Erziehung zu bezeichnen als die Vermenschlichung natürlicher Wesen.

*

Der Tod seiner Mutter, dieser Raub der Sehnsucht nach dem Ursprung, ist der einzig wirkliche Verlust im Leben eines Menschen, ab diesem Augenblick expandiert die Einsamkeit.

*

Eine Frau kann sich von ihrer Mutter wirklich lösen, indem sie selbst Mutter wird. Sie kehrt als Quelle des Lebens zum Ausgangspunkt zurück.

*

Meine Hochachtung vor den Menschen, die ihr Leben mit einem unermüdlich scheinenden Tatendrang verbringen und noch darauf bedacht sind, möglichst viel Nutzen aus jeder Arbeit zu ziehen. Sie sind echte Wegbereiter einer zu Ende gehenden Zukunft.

*

Die Erkenntnis vom Tode macht uns zu den unglücklichsten Wesen der Erde; und das darauf folgende Verhalten des Menschen ist verständlich: alles Leben zu vernichten, das von unserem Leid nichts weiß.

*

Jede Schlafstunde ist eine kleine Näscherei vom zukünftigen Wohlgenuß des endgültigen Schlafes.

*

Wenn wir nicht das Ende vor Augen hätten, das uns befreit vom Erdenleben, wir würden früher oder später in den Selbstmord flüchten. Schon die Vorstellung eines ewigen Daseins flößt uns so viel Angst ein, daß wir nicht in der Lage sind (und es auch nicht wagen würden), es in genaue abstrakte Begriffe zu fassen.

*

Sterben ist nichts anderes, als die Abtötung des Leidens am Leben, dessen Preis der Verlust der Individualität ist.

*

Meine skeptische Haltung zum „Nichts" liegt darin begründet, daß es in ein Wort gefaßt ist.

*

Vernunftehe ist der Ausdruck für die Rückbesinnung Liebender, die dann aufhören, solche zu sein.

*

Die Emanzipation oder, treffender formuliert, die Vermännlichung der Frau: der totale Krieg gegen die Natur kann beginnen.

*

Der Versuch, die Liebe ausschließlich als die Überwindung des Egoismus zu bezeichnen, muß in eine Sackgasse führen. Liebe ist unter anderem ein von natürlichen Trieben geleiteter Wille, in dem es auch um die Befriedigung eigener Wünsche geht. Fühlt sich nur eine Seite in ihrem Drang unerfüllt, hört in der Regel das Verständnis für den Partner auf.

*

Warum in die Askese gehen, wo die Erzeugung von Kindern Sache der Vernunft geworden ist? Das Erleben des Gefühls des tobenden Leibes, das Spüren der zügellosen Triebe, dieses Hineinwerfen in die Arme der Natur – ein lodernder Platz für meinen Verzicht auf sinngebende Menschheitstaten.

*

Für fast alle Dichter war die Gefühlsbeziehung das Hauptthema ihres Schaffens. Worüber sollten sie auch schreiben, ohne zu vertrocknen.

*

Es interessiert mich nicht, was sich der Komponist bei seinem Werk gedacht hat, denn ich entdecke eine Sinfonie jeden Tag neu.

*

„Freude": Beethovens Neunte Sinfonie beweist, wieviel Ernst dieses Gefühl begleitet, was im Alltagsgebrauch des Wortes nicht annähernd zum Ausdruck kommt.

*

Wenn ich Dvořáks Neunte Sinfonie vernehme, regt sich in mir ein Widerspruch gegenüber der Bezeichnung. „Aus der neuen Welt" – ist diese Musik nicht vielmehr ein letzter Melodiereigen aus der alten Welt?

*

„Jauchzet, frohlocket..." – kann es eine schönere Begräbnismelodie geben als diesen Chor aus Bachs Weihnachtsoratorium? Den Zusammenhang werden nicht einmal die paradiesverwöhnten Gläubigen verstehen.

*

Musik mit Worten zu beschreiben hinterläßt als Ergebnis ein ausgetrocknetes Flußbett, es fehlt die Substanz, die Erscheinung des Fließens, jenes, das nicht mit Begriffen zu erfassen ist.

*

Daß unser Leben menschlicher geworden ist, bekommen in erster Linie die Pflanzen und Tiere zu spüren.

*

Ich könnte stundenlang einer Katze zuschauen, mit welch stoischer Ruhe sie ihre Existenz erträgt.

*

Die Pflanzenwelt ist auf eine Art höher entwickelt als die Vernunftwesen. Ohne größeren Widerstand nimmt die Pflanze das Leben hin, wie es ist. Ihre Metaphysik kennt nur ein Wort: ertragen (egal für wie lange).

*

Drei Tage kletterte ich im Hochgebirge oberhalb der Baumgrenze. Gestein, vereinzelte Gräser und Moose waren das bestimmende Bild. Ich mußte wieder nach unten gehen, in die Üppigkeit der Natur, die Öde da oben war zu menschenähnlich.

*

Melancholischer Nestbeschmutzer ist der Vorwurf einer geballten einheitlichen Front menschlicher Perspektivfreudigkeit, die sich ein Resignierter gefallen lassen muß. Aber wie entrückt dringt ihm diese Beschuldigung an sein Ohr, von einer Welt, der er längst nicht mehr angehört, deren Chaos er nur noch wie im Nebel wahrnimmt und die seine Flucht noch einmal bekräftigt.

(1993)

Ein Beitrag zur Suche nach nationaler Identität

„Ein Foto aus Berlin" von Làszlò F. Földènyi

Vielleicht war es zu keiner Zeit anders; heute ist es zumindest ein Faktum, daß es nur ganz wenige Bücher gibt, in denen der Alltag dargestellt wird, ohne daß sie oberflächlich sind. Voraussetzung dafür ist nicht nur eine Autonomie des persönlichen Denkens, sondern auch die Fähigkeit, die sogenannten Selbstverständlichkeiten zu hinterfragen, das heißt, sie nicht einfach als Tatsachen zu akzeptieren. Letzteres ist durch unser „Gewohnheitsdenken" nicht ganz leicht. Deshalb sollte man dankbar sein, wenn ein Außenstehender uns mit anderen Perspektiven überrascht. Das wird in Bezug auf das Leben der deutschen Nation unter anderem in dem Buch „Ein Foto aus Berlin", eine Essaysammlung von Làszlò F. Földènyi, getan.

Allein schon die Ausgangskonstellation vor dem Lesen ist interessant. Ein Fremder schreibt über eine Nation, der ich angehöre, zu der ich, freiwillig oder unter Zwang, ein Verhältnis aufbauen muß. Daß dies zudem noch ein ungarischer Philosoph tut (diese Betitelung verdient hier eine wortwörtliche Übersetzung, denn Földènyi liebt tatsächlich die Weisheit), erhöht den Reiz. Ungarn reicht am weitesten in den slawischen Teil Europas, und obwohl die gewünschte Orientierung das westliche Europa war und ist, kann es sich den östlichen Einflüssen (bis hin zu arabischen) nicht entziehen. Vielleicht ist es diese Reibungsfläche, die aus diesem Land immer wieder qualitativ einzigartige Schriften hervorbringt, ohne daß die Verfasser, und das ist schon eigenartig, herausragende Berühmtheiten werden. Ich denke da auf dem Gebiete der Philosophie an Melchior Palàgyi oder in der Dichtung (mit Einschränkung) an Agota Kristof oder an Imre Kertèsz, der in Földènyis Buch vorgestellt wird. All ihre Bücher zeichnen sich durch eine Freiheit gegenüber den äußeren Umständen aus, wenn diese keine Entsprechung haben zu ihrer persönlichen Welt, die gleichzeitig der Ausgangspunkt für ihre Fragestellungen ist. Diese Art der Bücher ist für mich nicht bereichernd, weil eine Identität mit meinen Gedanken vorliegt (das würde wohl nur anfänglich begeistern, später aber ermüdend wirken), sondern weil sie sich ernsthaft mit dem Leben auseinandersetzen und so einen selbst aus der Alltagslethargie herausreißen können. Dank dieser Voraussetzung sind auch die Gedanken in dem Buch „Ein Foto aus Berlin" für mich horizontöffnend. Ich spürte mit fortschreitendem Lesen eine Weite, die mir das Atmen leichter werden ließ.

So ist zum Beispiel in Földènyis Buch die Frage der nationalen Übereinstimmung aus einer völlig neuen Sichtweise betrachtet worden, die jeder für sich zum Ausgangspunkt machen kann, um seine Stellung zu diesem Thema zu überprüfen. Denn nur im Anderen können wir unser eigenes Dasein spiegeln. Erst dank des rückwirkenden Fremden sind wir in der Lage, von uns als Individuum oder, im größeren Zusammenhang, von uns als nationalem Verbund zu sprechen.

Nun will ich diese persönliche Auseinandersetzung des Lesers mit Földènyis Texten nicht mit eigenen Gedanken behindern, vielmehr möchte ich ein Element der Identitätsfindung hinzufügen, das, so glaube ich, immer, wenn auch unterschwellig, mitwirkt.

Ausgangspunkt war dabei für mich die Frage, warum die Menschen eine übereinstimmende Beziehung zu der Landschaft entdecken, in der sie ihre Kindheit verbrachten und die sie deshalb letztlich ihre Heimat nennen.

Einen Ansatz für die Beantwortung der Frage fand ich in der ursprünglichen Sehnsucht nach Geborgenheit, die den Lebenslauf eines jeden Einzelnen von Anfang an bestimmt.

Das Dasein erweitert sich für den Geborenen mit fortschreitender Entwicklung. Im Mutterleib vor der Geburt fühlt sich der Neuankömmling noch ganz sicher. In den ersten Monaten der Erdenanwesenheit muß die fehlende Unmittelbarkeit über äußere mütterliche Wärme kompensiert werden. Später, mit der Entwicklung der sinnlichen und geistigen Wahrnehmung, treten fremde Elemente in den Sinnenkreis des Kleinkindes, die mit dem Kennenlernen und der Gewöhnung an sie persönliche Sicherheit vermitteln und dadurch sein Selbstbewußtsein stärken für den weiteren Werdegang. Diese jahrelange Kommunikation zwischen der ichbezogenen Person und der unmittelbar belebten sowie unbelebten Umgebung erzeugt beim Heranwachsenden ein Gefühl der Abhängigkeit von ihr, das zugleich den Glauben an das Ungefährdetsein in diesem Umkreis entstehen läßt und überhaupt erst die Möglichkeit bietet für den

Ausflug oder Ausbruch in weiterreichende unbekannte Regionen, die wiederum entsprechend der heimatlichen Erfahrung erschlossen werden.

Wie entscheidend der Charakter der Umwelt für unser heimatliches Verständnis ist, konnte ich vor nicht allzu langer Zeit an mir selbst beobachten, und ich fand daraufhin die Antwort auf die Frage, warum ich, in Görlitz geboren, in der schlesisch-böhmischen Landschaft und Kultur fester verwurzelt bin als in der deutschen. Im letzten Jahr besuchte ich erstmals das Riesengebirge. Durch politisch motivierte Grenzschließung war es mir in der Jugend nie vergönnt, dort hinzugelangen. Der Wegzug aus Görlitz verzögerte dann mein Vorhaben weiter, dieses Gebirge einmal zu durchwandern. Als ich dann aber dort einige Tage verbrachte, war es für mich eine Begegnung mit der Heimat: Die Eigenheit der Landschaft, die Mentalität des überwiegenden Teiles der Menschen entsprach so meiner erlebten kindlichen Atmosphäre, daß ich mit dieser Gegend verschmolz, und ich empfand ein liebendes Wohlbehagen, trotz der jungfräulichen Begegnung. Das geschah mir nicht, als ich den Schwarzwald oder den Thüringer Wald besuchte. Obwohl auch diese Gebirge landschaftliche Reize offenbaren, genoß ich sie distanzierter, war ein Fremder in ihnen und brachte der gastfreundlichen Natur wertschätzende Achtung entgegen – das war jedoch ein anderes Erleben als die Vertrautheit in „Rübezahls Reich", in dem ich mich gleich beim ersten Besuch heimisch fühlte.

Indes, dieses Phänomen tritt in der Breite nur noch unterschwellig zutage. Seitdem sich der Mensch nicht mehr in die ihn einschließende Umgebung einordnet, sondern sein Menschsein für einen materiellen Wohlstand opfert, was eine räumliche und zeitliche Flexibilität verlangt, tritt die naturnahe gesellschaftliche Identität hinter die politisch-nationale. An dieser Stelle beginnt die interessante Analyse von Földènyi in Bezug auf die Deutschen.

In dem Zusammenhang erhebt sich die Frage, ob sich das politisch-nationale Element nicht besonders stark manifestiert, je begrenzter das geschichtliche Fundament ist? In Amerika, dessen wirkungsvolle Vergangenheit keine vierhundert Jahre zählt, nachdem die ansässigen Urvölker rücksichtslos vernichtet wurden, ließe sich das gedanklich genauso nachvollziehen wie in Deutschland, dessen Kleinstaatengefüge sich vor nicht einmal zweihundert Jahren zu einem Staat formte. Die Kriege im zwanzigsten Jahrhundert, die von beiden Staaten im Interesse der Nation geführt wurden, könnten unter anderem als Beleg dienen.

Zeigt sich hier eine Gefahr, die sich durch die entstehende Einheit Europas herausbilden könnte, auch wenn die Vergangenheit der verschiedenen Völker in Europa dadurch natürlich nicht aufgehoben wird?

Freilich muß hier mit ins Kalkül gezogen werden, daß in einem Nationenverbund die territoriale Identität wieder stärker in den Vordergrund rückt, sobald die industrielle Weiterentwicklung innerhalb des Bundes ins Stocken gerät. Dann erinnert sich zum Beispiel in Deutschland der Bayer plötzlich wieder, daß er erst in zweiter Linie Deutscher ist, oder der Sachse betont den Stolz auf seine unverwechselbare Heimat. In der Enttäuschung wirken wieder die unteren Schichten der Herkunft. Dieses Phänomen wird noch viel deutlicher, wenn es zu einem Zusammenbruch eines solchen Nationenverbundes kommt. Ehemals sozialistische Länder wie die UdSSR, CSSR oder Jugoslawien zerfielen unter anderem, weil durch den wirtschaftlichen Niedergang in diesen Staaten die einzelnen Volksgruppen ihre territoriale Identität stärker hervorhoben, – selbstverständlich in der Hoffnung auf wirtschaftliche Vorteile.

Es zeigt sich im allgemeinen, daß, sobald der produktive Wohlstand einer Staatengemeinschaft von außen gefährdet scheint (und das muß nicht unbedingt mit Waffengewalt geschehen, die Einwanderung fremder Menschen gehört hier ebenso dazu wie der wirtschaftliche Konkurrenzkampf), sich der Nationalismus wieder stärker, bis hin zu radikalen Formen offenbaren kann. Wiewohl sicherlich auch diese Erscheinung immer mehr an Durchsetzungskraft verliert, je umfassender sich die Wirtschaft auf der ganzen Welt verzweigt und ein nationaler Ausschluß aus dem globalen Wirtschaftsgefüge sich nachteilig auf den Reichtum eines einzelnen Volkes auswirkt.

Dies sind, das soll betont werden, erste Fragestellungen zu diesem Themenkomplex, der eine umfassendere Untersuchung und Bearbeitung verdient.

Ich möchte aber zu Földényis Buch zurückkehren, um noch ein ganz anderes Phänomen anzusprechen.

Es gibt Bücher, die sind mir, unabhängig von Inhalt und Aussage, wertvoll durch einen einzigen Satz oder einen Gedanken, den man sonst in keinem anderen Werk findet und der im Tiefsten erschüttert, weil er eine Erfahrung bestätigt, die man kaum für sich selbst ausspricht und auch sonst nicht von anderen Menschen erfährt, die aber für das eigene Leben eine große Bedeutung hat. Das Buch „Ein Foto aus Berlin" enthält solch einen Satz. Er wird sicher von vielen überlesen oder nebenbei registriert, zumal er sich im Tagebuchteil befindet. Mich jedoch hat er nicht losgelassen, so daß ein Weiterlesen vorerst unmöglich war. Dabei fiel er fast beiläufig als Erklärung einer Situation im Rockkonzert: „Mich befiel die Traurigkeit, die ich zuweilen empfinde, wenn ich nachts zu meinen schlafenden Kindern gehe, um sie zuzudecken, und lausche, wie sie atmen." (S. 256) Was hier scheinbar überhaupt nicht in einen Allgemeinzusammenhang paßt, nämlich ein melancholisches Gefühl beim Betrachten des eigenen schlafenden Kindes, ist ein ständig wiederkehrendes Erlebnis, seitdem ich Vater geworden bin, und das hat sich im Laufe der Jahre nicht abgeschwächt. Regelmäßig tritt es in gleicher Heftigkeit hervor, gerade wenn Kinder völlig hingegeben sind dem dunklen Reich der Bewußtlosigkeit. Immer wieder beschleicht mich in diesen Situationen der Verdacht, sie mit meiner zeugenden Handlungsweise gestört zu haben, so daß sie aus ihrer ursprünglichen Geborgenheit herausgerissen wurden, an die sie sich im Schlaf zurückerinnern und in diesen Momenten für kurze Zeit einen Hauch der früheren Ruhe genießen, bis das Leben im Traum sein Recht fordert und sie zurückbringt in jene Welt, die sie einst mit einem Schmerzensschrei begrüßten. Dieses Empfinden hinterläßt bei mir nicht etwa ein schlechtes Gewissen im moralischen Sinne, es waltet vielmehr außermoralisch und verhindert, daß ich mich vollständig im Reiz des Lichterglanzes des Tages verliere. Die Sehnsucht zur Nacht begrenzt diesen vielmehr.

Földènyis Tagebuchsatz bestätigt mir übrigens eine andere Behauptung, die er an einer ganz anderen Stelle des Buches schrieb, nämlich daß es sich allein darüber lohnt zu sprechen, worüber man nicht sprechen kann. (Ebenda S. 208) Und dieser Anspruch von ihm macht das Lesen all seiner Bücher zu einem für mich unauslöschlichen Erlebnis.

(1996)

Die Keuschheit und das Problem der Auffassung des Geistes bei Ludwig Klages

(Vortrag, gehalten vor Mitgliedern der Klages-Gesellschaft am 24.06.2000 in Marbach)

Der Begriff „keusch" beinhaltet Adjektive wie rein, unberührt, jungfräulich, züchtig und schüchtern; er wird heute vorzüglich als Ausdruck für eine wie auch immer geartete Enthaltsamkeit verwendet, die allgemein durch eine abwehrende Haltung erzielt wird.[1] Der Mensch möchte mit der Keuschheit also ein für ihn wichtiges Phänomen aus dem fortschreitenden Fluß des Lebens herauslösen, um dem entsprechenden Zustand Dauer zu verleihen. Er möchte eine Veränderung verhindern, weil er die Situation für wertvoll hält. Das mit dem Vergehen hervorbrechende Neue hält er in diesem Fall nicht für ebenbürtig.

Am Beispiel der menschlichen Liebe läßt sich die Charakteristik der Keuschheit am eindringlichsten darstellen. Wie bereits erwähnt, bezeichnet die Keuschheit auch die Jungfräulichkeit, was in Bezug auf die geschlechtliche Begegnung nichts anderes bedeutet, als daß sich der Mensch noch nicht vollständig einem anderen Menschen, den er liebt, hingegeben hat. Der Liebende will seine ursprüngliche Unberührtheit bewahren, auch wenn er sich zum geliebten Partner hingezogen fühlt. Er möchte gerade in dieser Situation den Willen aufbringen, seinem Verlangen zu trotzen; er will sich diesem entgegenstellen.

Um die Keuschheit zu bewahren, wenn der Mensch vom Phänomen der Liebe erfaßt wurde, benötigt er also einen geistigen Willen, den Klages als den Widersacher des Lebens (bei ihm konkret der Seele) bezeichnet. Und mit Ludwig Klages' Charakterisierung des Geistes läßt sich auch die Keuschheit des Menschen gegenüber Lebensphänomenen beschreiben, nämlich als eine Selbstbehauptung, die das „Ich" ausführt, um nicht im unmittelbaren Erlebnis aufzugehen. Wobei schon hier einschränkend gesagt werden muß, daß der sich keusch verhaltende

---

[1] Die hier auf den Seiten 68 und 69 kurz skizzierten Charakteristiken des Phänomens der Keuschheit hat der Verfasser in ausführlicher Form, insbesondere im Zusammenhang mit der erotischen Begegnung der Menschen, in seinem Buch „Vom Wesen der Keuschheit" (Igel Verlag, 2000) dargelegt.

Mensch keine völlige Herauslösung aus dem Lebensprozeß anstrebt, er sucht in der Regel nicht die totale Isolierung, sondern er möchte ein bestimmtes Verhältnis zum Leben erhalten, das sich dann, wie zum Beispiel die Jungfräulichkeit, zu einem späteren Zeitpunkt auflösen soll. Mit dieser Verzögerung möchte der Mensch eine Lebenssteigerung erzielen.

Die Bewahrung ist demnach eine Eigenschaft der Keuschheit. Und das Bewahren des Lebens strebte auch Ludwig Klages mit seinem Werk an. Er wollte „dem Leben ein Monument errichten, das im Innersten das heilige Feuer hege[...] und [...] ein Schatzhaus und Waffenkammer der Eingeweihten [ist], falls doch noch einmal auf diesen Winter ein neuer Frühling folge." (Ludwig Klages: „Rhythmen und Runen", S. 20) Ludwig Klages möchte also ebenfalls eine bestimmte Beschaffenheit des Lebens erhalten, um sie zu einem späteren Zeitpunkt wieder im menschlichen Dasein verwirklicht zu sehen.

Wir können folglich jetzt schon erkennen, daß das Ausüben der Keuschheit eine typisch menschliche Verhaltensweise ist, weil dazu ein geistiger Wille vonnöten ist. Nun ist nach Klages der bewußte Wille, den der Mensch aufbringen muß, um keusch gegenüber bestimmten Phänomenen zu sein, eine Leben zerstörende Erscheinung, denn für ihn stehen Geist und Leben in unversöhnlichem Gegensatz. Zwar können sich beide Seiten annähern, aber nie zu einer dauerhaften Harmonie gelangen, denn der Geist hat das Bestreben, über das Leben zu herrschen, wobei er in seinem Tun das Leben vernichtet. Das Leben wäre demnach in einer Opferrolle, obwohl mit dem Tod des gesamten Lebens nach unserem Ermessen auch der Geist ausgelöscht wäre. Das wiederum würde aber zu Klages' Auffassung, daß der Geist ein außerkosmisches Phänomen ist, im Widerspruch stehen. Wäre er das wirklich, würde nicht einsichtig sein, warum der Geist nach dem Ende des Lebens nicht weiter existierte als eine außerlebendige Erscheinung.

Um die Gründe dieses Widerspruches in der Gedankenwelt von Ludwig Klages auszuloten, ist es zunächst erforderlich, herauszukristallisieren, wie für Klages das Bewußtsein im Menschen überhaupt entsteht.

Für ihn offenbart sich dem Lebensträger zunächst das Leben durch das Erleben, wobei er sofort klar macht, daß wir ein Zuerlebendes erleben,

„nicht aber das Erleben. Wir sehen Farben, hören Klänge, riechen Düfte; schmecken Süßes, Saures, Bitteres, Salziges; tasten Drucke, Wärme, Kälte, Nässe, Rauhigkeit, Glätte, Trockenheit; aber wir sehen nicht unser Sehen, hören nicht unser Hören, riechen nicht unser Riechen, schmecken nicht unser Schmecken, tasten nicht unser Tasten." (Ludwig Klages: „Vom Wesen des Bewußtseins", S. 51.) Wir haben es beim Erleben also noch nicht mit einer Auffassung und schon gar nicht mit einem geistigen Akt zu tun, der eine Distanz zum Lebensvorgang notwendig macht, das heißt umgekehrt, wir nehmen „aus bloßem Erleben [...] überhaupt von garnichts Kenntnis" (ebenda).

Es gäbe indes gar kein Erleben „ohne ein im Erleben Erlebtes" (ebenda S. 53). Wir benötigen folglich immer die Polarität zwischen dem Erlebenden und dem der erlebenden Seele Fremden (bei Klages ist dies ein unrückführbar Wirkliches). Nach Klages hat diese Doppelseitigkeit „das Eigentümliche, daß die eine Seite niemals mit der anderen vertauscht werden kann, während keine von beiden ohne die andere zu bestehen vermag" (ebenda). Das wiederum bedeutet, „im Lebensvorgang werden einander polar entfremdet eine wirkende und eine empfangende Wirklichkeit; welchem gemäß gegenübertritt dem Schauen das Bild, dem Empfinden der Körper, dem Fühlen der zur Vereinigung oder zur Trennung treibende Zug" (ebenda S. 54).

Voraussetzung für das Eindruckserlebnis ist dabei die Selbstbeweglichkeit des Eindruckempfängers. Die Selbstbeweglichkeit des Tastorgans zum Beispiel ist Bedingung für die Empfindung, genauso wie die Schauung der Bilder eine Selbstbewegung des Schauenden nötig hat. Mit diesen beiden eben genannten Beispielen haben wir auch gleich die von Klages unterschiedenen Lebensvorgänge beim Auffassungsakt, der nicht zu verwechseln ist mit der geistigen Vorstellung, nämlich der leiblichen als Empfindung und der seelischen als Gefühl. Dank dieses Unterschiedes soll es dem Geist gelingen, in die eigentliche Einheit einzubrechen, wobei er sich „mit dem Leib der Seele verknüpft" (ebenda S. 71) und sich dadurch gegen die Seele richten kann. In dieser Konstellation charakterisiert Klages den Geist als ein außerkosmisches Phänomen, weil er in die Geschlossenheit einer fließenden Wirklichkeit einbricht und diese versucht „dingfest" zu machen, indem er begrenzt und scheidet. Die

„Besinnungstat stellt uns nichts gegenüber", sondern „unterscheidet das schon vorhandene Gegenüber des Bildes" (ebenda S. 55). Kurzum, Klages spricht dem Geist Wirklichkeit ab.

Nun vermag aber nur eine geistige Person, ein Geistträger, der sich als Ich feststellt, Phänomene aus dem Fluß des Lebens zu reißen und sie in Dinge umzuwandeln. Das heißt, und das macht Klages gleichzeitig deutlich, diese Geistträger sind auch Lebensträger. Der Mensch als geistiges Wesen erscheint in der Wirklichkeit als „Ichgestaltigkeit der Seele" (ebenda S. 40), als einziges Gedankending, das zugleich Erscheinung ist, denn „ich bin Ich, sofern ich samt allen sonstigen Ichen am einen und selben Geiste teilnehme, und ich bin eigenes Ich, sofern mein beteiligter Lebenslauf von unteilbarer Eigenart (individuell) und daher vom Lebensablauf aller sonstigen Lebensträger verschieden ist" (ebenda S. 22).

Diese Möglichkeit der Verschwisterung zu einem persönlichen Ich, die Klages „lebengefesselter Geist" (ebenda) nennt, läßt es wahrscheinlicher erscheinen, daß der Geist aus dem Lebensträger herausgewachsen ist, statt daß er als lebensfremdes Phänomen in die Existenz des menschlichen Lebewesens einbricht. Danach wäre die Geistestätigkeit ebenso eine Lebensbewegung wie das Gefühl oder die Empfindung. Wir hätten es dann nicht mit einem Hineindringen des Geistes in das Leben zu tun, sondern mit einer Heraussetzung des Geistes aus dem Leben; einer Gegenüberstellung, die es erst möglich macht, daß das später sich entwickelnde persönliche Ich für sich wichtig erscheinende Phänomene festhält, ihnen Dauer verleiht, um so das Leben mit Hilfe des Geistes technisch-praktisch bewältigen zu können. Das gelingt dem „Ich" aber nur, wenn es weiterhin mit dem Lebensstrom verbunden bleibt. Umgekehrt muß das „Ich", da es nur als Lebensphänomen existiert und deswegen immer ein labiler Zustand ist, vom geistigen Lebensträger ständig erzeugt werden, ähnlich wie sich das Leben nur erhält, wenn es in einem beständigen Wechsel von Entstehen und Vergehen sich ewig verjüngt. Ich kann dementsprechend Klages nicht zustimmen, wenn er beispielsweise bei der Beziehung des Geistes zur Zeit behauptet, die „zeiteinteilende Tat liegt [...] nicht in der Zeit" (ebenda S. 16). Sie wurde zwar durch die geistige Leistung außerhalb der erlebten Zeit in eine andere, man könnte sagen künstliche Zeitebene gehoben, benötigt aber rückkoppelnd das Erlebnis der Zeit zur Wiederholung des Denkaktes. Erst das beständig gleiche Ergebnis der Herauslösung bestimmter Erscheinungen aus dem fließenden Leben kann diesen Dauer verleihen, und nur so werden Erscheinungen in Dinge verwandelt, die dann rückwirkend im weiter fortgeschrittenen Leben wieder denkend integriert werden können. Die Dinge erhalten ihren menschlich-praktischen Wert durch ihre Möglichkeit, auch im Geiste wieder mit der Wirklichkeit verschmolzen zu werden. Diese kann dann freilich eine gewaltsame, weil willkürliche Veränderung erfahren.

Es muß in diesem Zusammenhang aber deutlich gemacht werden, daß die „Ich-Setzung", überhaupt der gesamte Denkprozeß, ein rein logischer Akt ist und bleibt, der nur als lebendiger Gesamtvorgang eine Verbindung mit den seelischen und leiblichen Bewegungsabläufen hat – letztlich auch haben muß, will er sich im Leben verankern. Wie aus dem Erlebnis der Empfindung durch die Tastung die Schauung ein räumliches Bild bekommt, wie umgekehrt durch die Schauung das tastende Empfinden überhaupt erst eine bildliche Entsprechung hat, genauso ermöglicht erst der geistige Akt (also Setzung des Ichs und aus dieser dem Leben gegenüber distanzierten Position heraus die Welt als das Andere betrachtend) die logische Orientierung in dem mannigfaltigen raumzeitlichen Bildspektrum und läßt zum Beispiel aus dem ertasteten Bild einen begriffenen Gegenstand werden.

Für Klages wird aus den unvertauschbaren Polen Seele und Bild im Augenblick des geistigen Aktes „die bloße Beziehung des Ichs zur Sache [...] oder [...] des Subjekts zum Objekt" (ebenda S. 56). So gesehen stände der Geist tatsächlich außerhalb der lebendigen Wirklichkeit. Aber diese Formulierung ist selbst dann nur eingeschränkt richtig, wenn wir allein die Bewußtwerdung eines Sachverhaltes betrachten, denn Bruno Liebrucks macht in seiner sprachphilosophischen Analyse, die auf Wilhelm von Humboldt und vor allem auf den Hauptwerken Hegels fußt, unter anderem eindringlich darauf aufmerksam, daß eine Setzung des „Ichs" durch einen einzigen autonom existierenden Lebensträger gar nicht möglich wäre. Das „Ich" als eigenständiger Geistträger kann nur entstehen und befestigt werden, wenn es durch ein anderes „Ich" anerkannt wird oder, genauer formuliert, wenn dieses auf jenes antwortet. Wir können also beim Denken niemals von einer bloßen Subjekt-Objekt-Beziehung sprechen, sondern immer nur von einer Subjekt-Subjekt-Objekt-Beziehung, womit wiederholt deutlich wird, daß wir keinen einzigen geistigen Akt ausführen könnten ohne die lebendige Bewegung. Denken ist demnach ein Lebensvorgang.

Das alles zusammengenommen läßt aber immer noch die Frage offen, warum es beim Menschen zu dieser geistigen (logischen) Heraussetzung aus dem Leben gekommen ist und warum der Geist dann als Töter des Lebens fungiert, was ein Blick auf die Menschheitsgeschichte eindrucksvoll beweist und die Gegenwart auch augenscheinlich zeigt.

Mit der Nebeneinanderstellung beider Fragen möchte ich überleiten zu Wolfgang Giegerichs Versuch, den Ursprung und die Geschichte des Bewußtseins darzustellen. In seinem für diese Thematik bahnbrechenden Werk „Tötungen. Gewalt aus der Seele" macht er deutlich, daß das Töten „ein oder der Hauptakt" ist, „indem sich [...] die ursprüngliche Eröffnung der Welt als der Welt des Menschen vollzieht" (Wolfgang Giegerich „Tötungen. Gewalt aus der Seele" S. 32). Der Mensch hat mit seinem ausgeführten Tötungsakt „nicht wie das Raubtier nur ein beliebiges Anderes und so das über das Freßbare an diesem hinaus nicht weiter Interessierende getroffen, sondern er hat auch das Andere seiner selbst und so sich selbst getroffen, sich selbst getötet. Aber in diesem Sich-selbst-Töten hat er sich nicht buchstäblich als Lebewesen vernichtet, sondern er hat sich nur logisch als das bloß-animalische Lebewesen getötet. Er hat sich somit von der bloß-biologischen Weise zu sein verabschiedet" (ebenda).

Daß der Mensch im Tötungsakt auch sich selbst trifft, wird nur verständlich, wenn man beachtet, daß der Homo sapiens die tötende Handlung in einer Welt ausführt, die in diesem Augenblick bereits seine geistige Welt ist.

Wir können demnach feststellen: Der durch die Tötung „als bloß Lebendiger Gestorbene war in ein und demselben Akt als geistiger, bewußter Mensch wiedergeboren und so erstmals in das Als-Seele-Sein eingetreten" (ebenda).

Damit gelang dem Menschen der „Durchbruch in eine qualitativ ganz neue Dimension, die des Geistig-Seelischen, des Bewußt-Seins" (ebenda). Mit dem Schock der vollzogenen Tötung „hat sich die Seele selber aus dem Dunkel der bloß-biologischen Existenz herausgeschockt. Sie hat sich inmitten dieses Dunkels und aus ihm heraus erstmals den lichten Seelenraum als eine kleine Insel freigehauen" (ebenda S. 33).

Mit der Tötung, so stellt Wolfgang Giegerich weiter fest, entsteht auch das Verhältnis von Ich und Du, denn bei der tötenden Handlung des Menschen kommt es zu einer Begegnung, also Auseinandersetzung, die nicht von einem treibenden Element, wie beispielsweise dem Hunger motiviert wurde. Schon für den Urmenschen war die Jagd nicht die hauptsächliche Nahrungsquelle, womit sich das jägerische Tun des Homo sapiens grundsätzlich von dem rein biologischen Jagdverhalten der Raubtiere unterscheidet, die keine Nahrungsalternative besitzen, um überleben zu können. Für den Menschen ist die Jagd „künstlich und bedurfte einer gewaltigen Anstrengung der Selbstüberwindung, der Überwindung natürlicher, artgemäßer Ängste und Hemmungen" (ebenda S. 29). Das heißt, die Jagd geschieht nicht unmittelbar als biologisches Geschehen, sondern ist ein Ritual, das einem schon gesetzten, geistigen Sinn dient. „Sie wurde rituell vorbereitet und vorweggenommen, durchgeführt und abgeschlossen". (ebenda S. 31) Daß dies auch von den damaligen Menschen wirklich so verstanden wurde, zeigt sich unter anderem daran, daß die Jagdwaffe nicht einfacher Gebrauchsgegenstand war, sondern Sinnträger und Zeremonialgerät, wie Heino Gehrts in seinem Aufsatz „Vom Wesen des Speeres" (abgedruckt in der Hestia 1984/85) mit reichhaltigen Belegen nachwies. Desweiteren stellt zum Beispiel die Höhlenmalerei der Urmenschen vorwiegend die Jagd dar und nicht irgendwelche anderen Lebensaktivitäten, womit die Besonderheit dieser Tätigkeit deutlich wird.

Der Urmensch erlebte also die Jagd anders als das Raubtier. Bei ihr erfuhr er den ihn treffenden Blick des Tieres, „sein erstes Angeblickt-, Durchschaut-, Erkanntwerden" (ebenda S. 52). Nimmt man dann die Tötung des anderen als die Möglichkeit der menschlichen Bewußtwerdung, so kann man mit Wolfgang Giegerich sprechen: „Bewußtsein ist das Sehen des Gesehenwerdens, das Erblicken des Angeblicktwerdens." (ebenda)

Personsein ist dementsprechend ursprünglich schöpferisch, eine Eroberung, und hat in diesem Stadium noch nichts mit einer „,Erfahrung' seiner selbst im belehrenden, desillusionierenden Zusammenstoß mit der Wirklichkeit" oder gar Selbstbeobachtung zu tun. Zunächst wird durch die Tötung nur erst die Lichtung geschlagen. Das Ergebnis ist die logische Heraussetzung des „Ichs" (des Individuums, der Person) dem Leben gegenüber.

Der Mensch bewahrte sich diese distanzierte Stellung zur nun menschlichen und nicht mehr nur zur bloß-biologischen Welt durch die Wiederholung der Tötung. Die dadurch erfahrene Beständigkeit des Abstandes zur Welt führte dann zunehmend zur Wahrnehmung beider Erfahrungspole, also eben auch zur Selbstbeobachtung. Erfuhr sich der Mensch zunächst vornehmlich durch das, was auf ihn als menschliche Welt zukam, so stellte er später das erkannte beständige Selbst in den Mittelpunkt und betrachtete von da aus die Welt. Aus dem Anderen, das immer gleichzeitig ein Für-sich-Sein, nämlich die persönliche Welt war, und es eigentlich (nur unterbelichtet) heute immer noch ist, wurde zunehmend ein Fremdes. Damit entstand die allumfassende Einsamkeit der Gattung Mensch, die sie unter anderem dazu drängte, die Welt mit der Zeit so zu verändern, daß sie vielleicht wieder eine Heimat werden könnte.

Daß diese Bemühung mit einer beständigen Tötung des Lebens vonstatten geht, hat Ludwig Klages mit seinem Lebenswerk darzustellen versucht. Seine Hinterlassenschaft muß als ein Meilenstein in der Erkenntnisentwicklung angesehen werden, denn soweit dem Verfasser bekannt ist, waren seine Schriften bis dahin die einzigen, die den Tötungscharakter des Geistes in umfassender Form zu Tage förderten. Auf diesen existentiellen Wesenszug des Geistes stieß vor Klages eigentlich nur noch Hegel in seinen die Logik des Menschen behandelnden Hauptwerken, deren Ergebnisse jedoch leider unter einer schwer zugänglichen akademischen Sprache vergraben sind. Klages hingegen beschreibt in unverblümter Form, daß der durch die Heraussetzung des „Ichs" aus dem Leben frei werdende Wille hemmend auf den Fluß des Lebensgeschehens wirkt. Damit besteht nicht nur die Möglichkeit der Selbstbehauptung, sondern der geistige Akt kann auch andere Lebensphänomene zu Dingen gerinnen lassen, die der Geistträger dann zu verwerten vermag, indem er sich auf die Teile der Erscheinung konzentriert, die eine wie auch immer geartete Bearbeitung erlauben. Der Mensch mechanisiert dabei den Weltverlauf, und das ist nach Klages „nur um den Preis der Entseelung des Bildes oder der Entbilderung der Seele, mit einem Worte des Mordes am Leben feil!" (Ludwig Klages: „Vom Wesen des Bewußtseins", S. 41.) An die Stelle eines schaffenden Wirkens tritt „die wesenhaft immer verneinende und deshalb tötende Tat" des Geistes (ebenda S. 42) und damit auch des Geistträgers. Und sie erfährt keine Hemmung, das möchte der Verfasser hier schon einflechten, solange wir diesen Wesenszug des Geistes nicht begreifen.

Was hat diese angedeutete Freilegung der Wesenszüge des Geistes nun mit der Keuschheit zu tun?

In diesem Exkurs gewahren wir die teilweise hervorleuchtende Analogie von Keuschheit und Geist, womit das spezifisch Menschliche des keuschen Verhaltens deutlich wird.

Nehmen wir das oben benutzte Beispiel der liebenden Zuneigung zu einem anderen Menschen, so können wir jetzt präziser formulieren, daß die Keuschheit zur Liebe gehört, will man von einem menschlichen Erlebnis im umfassenden Sinne sprechen, wozu eben auch das Bewußtwerden der Liebe zählt. Die Hemmung des starken und ständigen Gefühls des Hingezogenseins zum Geliebten kann eine Steigerung des später erfüllten Erlebnisses zur Folge haben, denn in der freudigen Erwartung kann der Liebende die unendlich vielfältigen Nuancen der erotischen Begegnung entdecken und genießen. Die Bewahrung der Keuschheit während der Entstehung der liebenden Zuneigung verhindert die allzu schnelle Befriedigung der treibenden Kräfte, das Verlangen wird gebremst, womit zudem die Sehnsucht nach Erfüllung der Begierde um ein vielfaches gesteigert wird, was ebenfalls dazu führen kann, daß das spätere Erreichen des Zieles gegenüber einer sofortigen Befriedigung dann mit einer erheblich größeren Intensität empfunden wird.

Betrachten wir mit diesen Erkenntnissen die Gegenwart, so wird deutlich, daß die heute stattfindende relative Enthemmtheit der liebenden Begegnung der Menschen, die sehr schnell das angestrebte Ziel erreichen, dem Menschsein im eben beschriebenen Sinne nicht gerecht wird und mit dieser eigentlich bewährungslosen Liebe auch kaum eine wirkliche Steigerung der Lebensqualität erzielt werden kann. Es muß eher von einer Verarmung bzw. Verflachung des erotischen Erlebnisses gesprochen werden. Ein Grund dafür liegt wohl darin, daß die Liebe zum anderen Geschlecht mittlerweile im Leben des Gegenwartsmenschen eine nicht mehr so bedeutende Rolle spielt. (Fast könnte man sagen, daß sie eine Freizeitbeschäftigung geworden ist, also ein Zeitvertreib, der außerhalb der gegenwärtig als sogenannten lebensnotwendig angesehenen Tätigkeit steht – heute gönnt man sich das Vergnügen der Liebe, auf die wir aber zugunsten „wichtigerer" Dinge verzichten können.) Die Sorge um die Fortpflanzung der menschlichen Gattung besteht durch die Entwicklung der Medizin nicht mehr, und die Gesellschaft beruht schon lange nicht mehr auf ihrer sogenannten kleinsten Zelle, der Familie. Da auch die Funktionalität der Gesellschaft, ähnlich der Wirtschaft, längst auf der immer weiter wachsenden Bedeutung des Geldes beruht, entpuppt sich heute die Familie schon stellenweise als Hemmnis der gesellschaftlichen Entwicklung, indem sie als eine soziale Last angesehen wird und nicht mehr als Symbol gilt für die sich beständig erneuernde Kraft des Volkes.

Doch kehren wir zur Keuschheit zurück. Auch sie kann zu einer Lebensverarmung führen, wenn sie entweder die Erfüllung verhindert (in eine Askese führt) oder mit ihr der Versuch unternommen wird, dem erlangten Ziel dauerhafte Ewigkeit zu verleihen. In beiden Fällen kommt es zu einer weitgehenden Erstarrung der ursprünglichen Lebensbewegung. Das Erlebnis wird aus den Schwingungen des Rhythmus des Lebens ein für allemal herausgerissen und wirkt in seiner Erstarrung nun tötend auf das kommende Geschehen, weil es nicht mehr mit den nächsten Augenblicken verschmilzt, sondern in sie hineingezwängt wird. Das Kommende hat sich der gegenwärtigen Situation anzupassen, obwohl sich letztere im Neuen auflösen muß, um ihm die Möglichkeit zur Entfaltung einzuräumen.

Es wird deutlich, daß Größe und Tragik der Keuschheit eng beieinander liegen. In der Dichtung wurde dies Anfang des zwanzigsten Jahrhunderts sehr eindrucksvoll in den historischen Romanen von Sigrid Undset „Kristin Lavranstochter" und „Olaf Audunssohn" zum Ausdruck gebracht. Aber in diesem Widerspruch, in dem ein Phänomen sowohl Segen als auch Unglück bringt, läßt sich auch der Ausweg andeuten, wie der Mensch trotz gewollter Hemmung, um sich die erlebte Erscheinung geistig anzueignen, wieder zum Strom des Lebens zurückfinden kann.

In erster Linie muß er sich den Inhalt und den Vorgang der Herausbildung der geistigen Lebensschau bewußt machen, um zu begreifen, daß die Welt, die er betrachtet, zu einem erheblichen Teil er selbst ist, indem einerseits sich die Welt dem Menschen so präsentiert, wie seine Sinnes- und Denkausrüstungen beschaffen sind und andererseits, und das drückt auch Ludwig Klages aus, er als Lebensträger ursprünglich mit allen anderen Lebensphänomenen eine Verbundenheit besitzt. Dem Geist freilich spricht Ludwig Klages diese Lebensnähe ab, weil er in ihm allein keine lebendige Bewegung sieht, sondern eine Regung, die von außerhalb in die Lebenssphäre eindringt. Haben wir aber die Einsicht gewonnen, daß das Denken ebenfalls ein Lebensvorgang ist, so besteht die Möglichkeit zu gewahren, daß der tötende Charakter des Geistes einer Selbstvernichtung gleichkommt, wenn er keine wie auch immer geartete Einschränkung bekommt. Es darf mit dieser Erkenntnis aber nicht zu einer Verdammung des Wesensgehaltes des Geistes kommen, wir müssen ihn vielmehr uneingeschränkt in unser Bewußtsein aufnehmen, um dann selbst hemmend auf diesen Tötungscharakter einzuwirken, denn wir können nur mit der Eigenheit unseres Geistes bewußt auf unser Wissen reagieren.

Die ideale Handlungsweise des Gegenwartsmenschen gegenüber der Welt kann also kaum in einer passiven Verhaltensweise bestehen, wie es Ludwig Klages andeutete. Abgesehen davon, daß seine Beschreibung des Lebensideals, wie bei fast allen Denkern, die in die Zukunft blickten, verschwommen bleibt, gibt es streng genommen auch kein ausschließlich passives Verhalten des Menschen. Jede menschliche Reaktion auf die Welt ist eine Einheit aus passivem Empfangen und einer aktiven Antwort darauf; somit ist eine bewußte Passivität immer nur von einer gewollten Aktivität durchgesetzt.

Kurzum, es ist erst einmal (und vor allem) notwendig, sich unsere Situation als Menschen auf dieser Erde wirklich bewußt zu machen. Das klingt banal, ist aber in umfassender Form bis heute noch nicht geschehen. Bei diesem Bemühen einer von persönlichen Wünschen weitgehend freien Analyse kann das Werk von Ludwig Klages eine große Stütze sein.

Wir sollten aber zu voreilige Schlüsse und erst recht fertige Antworten vermeiden, um uns nicht wieder vorschnell in eine sogenannte Alternative, wie zum Beispiel das ökologische Denken, einzuhausen, das keineswegs unsere Situation in vollem Umfang begreifend erfaßt. Der umweltbewußte Mensch glaubt in einer weitgehend sentimentalen Betrachtung der Natur eine Liebe zu ihr zu entwickeln, obwohl das wirkliche Motiv seiner Handlungen die Rettung der eigenen Existenz ist. Nicht diese Veranlassung ist zu verurteilen, sondern deren Verbergung, denn mit ihr wollen sich viele Umweltschützer mit dem Schein der jetzt „grünen" Moralität über die von ihnen aus gesehen verantwortungslosen Menschen erheben, die zerstörerisch auf dem Erdplaneten wirken. Mit dieser Selbstvergötterung verdrängen sie eine entscheidende Fähigkeit des Menschen, nämlich sich selbst und sein eigenes Tun wirksam in Frage zu stellen.

Weiterhin sollten wir eine Flucht in eine außerchristliche Religion verhindern, wenn wir Europäer unsere tatsächliche Situation in dieser Welt analysieren wollen. Weder die asiatischen Hochreligionen noch die verschiedenen Naturreligionen können uns Lösungen anbieten für Verhältnisse, die dem abendländischen Christentum entsprangen. Was natürlich nicht bedeuten soll, daß wir nicht einen Vergleich mit anderen Religionen vornehmen sollten, dieser ist vielmehr notwendig, um die christliche Religion in ihrem Wesen zu verstehen. Aber es ist ein wirkungsloses Unternehmen, als einzelner oder mit einer kleinen Gruppe Menschen eine außerchristliche Lebensweise im Abendland durchzusetzen, in der Hoffnung, auf diese Art eine echte lebenserhaltende Alternative zu schaffen.

Alles in allem ist festzustellen, daß unser Bewußtsein nicht auf der Höhe unseres technisch-praktischen Lebens steht oder anders gesagt: „Politische Ereignisse und Maschinen laufen dem Menschen voran, das Anhängsel läuft hinterher. Atemlos. Es ist, als führe der Mensch nur im Kofferraum, der als Anhänger hinter einem Touristenomnibus von Robotern hinterherhüpft – als ihr Gedächtnis. So fährt – entmenscht – nun der Mensch." (Bruno Liebrucks: „Sprache und Bewußtsein - Band 1", S.

1.) Was Bruno Liebrucks hier anspricht, ist die heutige Sprachlosigkeit unserer praktischen Handlungsweise. Wir erheben beispielsweise Einwände gegen die Gentechnologie mit einer ethisch-moralischen Auffassung, die der Vorzeit der Aufklärung entspricht. Daß diese Appelle nichts bewirken, beweist die Gegenwart. Sie können es auch gar nicht, weil wir die neuen Technologien wie einen Überfall aus dem Nichts empfinden, ähnlich dem Geist bei Ludwig Klages, der auch, auf das wirkliche Geschehen bezogen, unmotiviert ins Leben einbricht.

Wir verstehen immer noch nicht den logischen Vollzug der menschlichen Entwicklung und reagieren hilflos in unserer Ohnmacht, ohne ein echtes Bemühen, ein Verständnis für unser gegenwärtiges Leben zu finden. Lieber glorifizieren wir die Vergangenheit, anstatt sie zu nutzen als Grundlage für einen Zugang zum Jetzt und Hier. Jedoch erst wenn wir den Bewußtseinsstand erreicht haben, der unserem heutigen Tun entspricht, eröffnen sich Wege, die eine Rückführung zum Leben und damit auch zu sich selbst ermöglichen, ohne unser geistiges Sein, unsere Menschlichkeit aufgeben zu müssen. In dem Augenblick hat die Verwirklichung des menschlichen Daseins im Leben eine neue Qualität erlangt, indem es sich mit dem Leben nicht nur versöhnt, sondern sich auf geistiger Ebene mit ihm vereinigt. Das dann wirklich geistige Leben des Menschen hat aber all seine vorlaufenden Bewußtseinsstufen nicht einfach vergessen oder gar vernichtet, vielmehr weiß es, daß es sie als Momente in sich trägt und auch so mit dem ihm trotzdem immer noch fremd erscheinenden Anderen, in diesem Fall dem aufgehobenen Vergangenen, verschwistert ist.

Der Mensch sollte demnach auch heute noch den Mut aufbringen, sich zur Liebe zum Geist zu bekennen, die seit der Menschwerdung ein charakteristischer Zug der Geistträger ist.

Diese Liebe verehrt die geistige Fähigkeit und schreckt auch nicht vor ihren unangenehmen oder vielleicht entsetzenerregenden Erscheinungen zurück oder schließt die Augen davor, um so wenigstens den Schein der Zuneigung zu erhalten.

Ein wirklich Liebender nimmt auch die negativen Elemente der geliebten Erscheinung in sich auf und lernt, sie im Dasein zu integrieren, um sie so zumindest zu hemmen, indem er liebend auf sie antwortet. Das heißt, diese Bestandteile werden als zum Leben gehörend anerkannt und bereichern dieses damit auch.

Die Krabat-Sage

(Vortrag, gehalten am 3.12. 2004 in Schwarzkollm. Er beinhaltet eine wesentliche Erweiterung des Kapitels „Die Krabat-Sage" aus dem Buch „Das Mysterium der Mühle" – siehe ebenda S. 62-74.)

In der Schule wurde mir im Literaturunterricht der Unterschied von Märchen und Sagen in der Weise dargestellt, daß Märchen reine Phantasieprodukte sind, während in Sagen die phantastischen Geschehnisse meist in einem regional eng begrenzten historischen Ereignis ihren Ausgangspunkt nehmen. Dies könnte auf die „Krabat-Sage" durchaus angewendet werden, denn die historische Persönlichkeit „Krabat" ist nach der Chronik von Wittichenau der Obrist Johann Schadowitz, der, in Agram in Croatien geboren, am 29. Mai 1704 starb. Dies berichtet Franz Schneider, der besagte Chronik im Jahre 1848 verfaßte (also 11 Jahre nach der wohl ersten schriftlichen Veröffentlichung der Krabat-Sage durch Joachim Leopold Haupt), und er begründete diese Feststellung damit, daß sich die Benennung „Croat" „im Volksmund in ‚Krabat' verwandelt" hat.

Weiter schreibt Franz Schneider: „Der Croat war reich – Herr von Särchen – und stand in dem Rufe eines Schwarzkünstlers. So soll er einmal – nach der Volkssage – auf der Pfarrei in Wittichenau eine Hand voll Hafer in den Kachelofen geworfen und daraus ein Regiment Soldaten hervorgezaubert haben, welches sich im Pfarrhofe aufstellte. Mit dem Kurfürst von Sachsen und König von Polen, Friedrich August I., lebte der Croat in inniger Freundschaft. Bei dem Könige soll er oft zu Mittag gespeist und einmal die Reise von Särchen nach Dresden in der Luft gemacht haben. Bei dieser Reise soll er mit seinem Wagen an der Spitze des Kamenzer Kirchturms angestoßen und dieselbe umgestoßen haben. Den Kurfürsten soll er einmal durch Zauberkünste gerettet haben. Das Totenbuch der Pfarrkirche zu Wittichenau meldet den Tod des Croaten ohne weitere Bemerkung." (Marie-Luise Ehrhardt: „Die Krabat-Sage –

Quellenkundliche Untersuchung zu Überlieferung und Wirkung eines literarischen Stoffes aus der Lausitz", S. 83.)

Indes, um auf die in der Schule gelernte Verschiedenheit von Märchen und Sagen zurückzukommen, wie bei vielen materialistischen Deutungen von Phänomenen, die den irrationalen Sektor streifen, enthalten die Definitionen durchaus Wahrheit, sind aber meist nur oberflächlich und werden dem erklärten Gegenstand nicht wirklich gerecht.

Ohne diesen Gegensatz an dieser Stelle jetzt ausreichend und erschöpfend zu behandeln, seien nur einige weitere wesentliche Unterschiede zwischen Märchen und Sagen genannt, die der Schweizer Max Lüthi in seinem Buch „Das europäische Volksmärchen", das fast schon ein Klassiker der Märchenforschung ist, aufführt.

Er arbeitet zum Beispiel heraus, daß das Märchen in seiner Struktur eindimensional ist, wovon man bei der Sage keineswegs sprechen kann. In „der Sage steht neben der diesseitigen Welt, geistig streng von ihr geschieden, eine jenseitige. Äußerlich ist diese jenseitige Welt nicht fern; sie kann jederzeit in den Alltag herüberwirken, und ihre Vertreter wohnen oft mitten unter den Menschen. Aber sie wird ganz anders erlebt als alles Diesseitig-Profane." In der Sage wird eine „Gefühlsspannung spürbar, die den Menschen im Angesichte des Ganz Anderen ergreift." (Max Lüthi: „Das europäische Volksmärchen", S. 8.)

Im Gegensatz zu den Sagen verkehren die Menschen der Märchen mit den „Jenseitigen, als ob sie ihresgleichen wären [...] Ihnen fehlt das Erlebnis des Abstandes zwischen sich und jenen anderen Wesen [...]" (ebenda S. 9). Im Märchen gibt es weder Angst vor den Jenseitigen noch Neugier danach. Wenn der Held „im unterirdischen Reich ein geheimnisvolles Schächtelchen erbeutet, so läßt er es ungeöffnet, bis er in eine schwierige Lage gerät" (ebenda S. 10). Erst dann schaut „er hinein, um zu erfahren, was es enthält" (ebenda), das heißt, er probiert es nicht vorher aus, wundert sich nicht darüber.

Wenn hingegen in der Sage „ein Tier plötzlich zu sprechen beginnt, so packt den Menschen das Entsetzen. Im Märchen zeigt der Held, der sprechenden Tieren, Winden oder Gestirnen begegnet, weder Verwunderung noch Angst." (Ebenda) Das heißt, „in der Sage sind die Jenseitigen dem Menschen äußerlich nah und geistig fern. Im Märchen sind sie ihm örtlich fern, aber geistig-erlebnismäßig nah. Die örtliche Ferne ist im Märchen offenbar das einzig legitime Mittel, das geistig Andere auszudrücken [...] Der Held des Märchens muß bis ans Ende der Welt wandern, um die verwunschene Prinzessin zu erreichen. Aber dieses Weltende ist wirklich nur geographisch fern, nicht geistig. Jedes Jenseitsreich läßt sich erwandern oder erfliegen [...]" (ebenda S. 11). Es wird also auch im Märchen Diesseits und Jenseits unterschieden. Nicht alle Figuren haben zum Beispiel Zauberkräfte. Aber beide Ebenen stehen nebeneinander, und die jeweiligen Figuren verkehren unbefangen miteinander. „Der Märchendiesseitige hat nicht das Gefühl, im Jenseitigen einer anderen Dimension zu begegnen." (Ebenda S. 12) Das nennt man die Eindimensionalität des Märchens.

Ein weiterer Unterschied zwischen Sage und Märchen ist der, daß Sagen eine Tiefengliederung haben, während sich Märchen durch Flächenhaftigkeit auszeichnen. Die Märchengestalten „sind Figuren ohne Körperlichkeit, ohne Innenwelt, ohne Umwelt; ihnen fehlt die Beziehung zur Vorwelt und zur Nachwelt, zur Zeit überhaupt. Die Sage" dagegen „schildert in realistischer Weise wirkliche Menschen und Dinge mit mannigfaltig gestuften Beziehungen zur diesseitigen und jenseitigen Welt" (ebenda S.13).

Das Märchen nennt selten „Gefühle und Eigenschaften um ihrer selbst willen oder um Atmosphäre zu schaffen [...] Eigenschaften und Gefühle sprechen sich in Handlungen aus – das heißt aber: Sie werden auf die selbe Fläche projiziert, wo sich auch alles andere abspielt. Die Gefühlswelt als solche fehlt der Märchenfigur, und damit geht ihr seelisch jede Tiefe ab." (Ebenda S. 15) Das „Märchen zeigt uns flächenhafte Figuren, nicht Menschen mit lebendiger Innenwelt. Die Märchenheldin bringt es" beispielsweise fertig, sieben Jahre zu schweigen; „von den seelischen Konflikten und Nöten, die in ihr dabei entstehen müssen, erzählt uns das echte Märchen nichts" (ebenda S. 16). Kurzum, wo immer das Märchen kann, „ersetzt es Inneres durch Äußeres, seelische Triebkräfte durch äußere Anstöße [...]" (ebenda S. 17). Die Innenwelt wird auf die Ebene des äußeren Geschehens gehoben. Statt des erotischen Empfindens wird zum Beispiel geheiratet.

Der Mensch der Sage hat indes „eigene Seelentiefe und reiche, spannungsvolle Beziehungen zur Umwelt" (ebenda S. 18).

Wir können also sagen, „was in der Sage tiefengestaffelte Innenwelt und Umwelt ist, wirft das Märchen auf ein und dieselbe Fläche nebeneinander" (ebenda). Deshalb sind die Handlungsträger im Märchen im Unterschied zur Sage entwirklicht. Im Märchen ist die „Begegnung mit dem Jenseitigen da, aber das Erlebnis des Jenseitigen fehlt" (ebenda S. 65). Ebenso entwirklicht wie die Jenseitsfiguren sind im Märchen, wie eben schon erwähnt, „die sexuellen und erotischen Stoffkerne. Brautwerbung, Hochzeit, Ehe, Wunsch nach einem Kinde sind zentrale Motive des Märchens. Aber jede eigentliche Erotik fehlt" (ebenda). „Aufregende Situationen werden" im Märchen „mit derselben Ruhe berichtet wie die einfachen Bezüge und Funktionen des Alltags. Ohne tragischen Ton erzählt das Märchen von Mord, Gewalttat, Erpressung, Verrat, Verleumdung, Blutschande und vom unglücklichen Tod so vieler unbegnadeter Anwärter auf die Prinzessin" (ebenda S. 67).

Zusammengefaßt heißt das: „Das Märchen [...] bleibt uns rätselhaft, weil es wie absichtslos das Wunderbare mit dem Natürlichen, das Nahe mit dem Fernen, das Begreifliche mit dem Unbegreiflichen mischt, so, als ob dies selbstverständlich wäre." (Ebenda S. 6) Im Gegensatz dazu will die Sage „auf den dämonischen Untergrund des Lebens hinweisen, vor unbekannten Feinden und Mächten warnen und auf alle Weise den Hörer auf die ‚andere' Welt einstellen; [...] sie will erschüttern und belehren [...] Das Geheimnis des Märchens ruht nicht in den Motiven, die es verwendet, sondern in der Art, wie es sie verwendet [...]" (ebenda). Die Gestalt der Sage wiederum „steht im engen Zusammenhang mit dem Berichteten. Ein Ereignis, ein Erlebnis, eine wirkliche oder geglaubte Tatsache wird Sprache. Der Gegenstand bestimmt die Stimmung des Erzählenden und beide, Gegenstand und Stimmung, bestimmen die Form der Erzählung." (Ebenda)

Allein schon aus den eben genannten Gründen ist es verständlich, daß wir viele Bearbeitungen der Krabat-Sage finden, die die Sage wesentlich bereichern, und daß wir auch gelungene literarische Bearbeitungen des Sagenstoffes vorliegen haben, die uns unmittelbar berühren.

Die Umformung von Märchen in einen literarischen Stoff hingegen gelingt nicht, wenn es nicht vorher in die Form einer Sage verwandelt wird, das heißt, die Märchenfiguren in einen historischen Bezug gesetzt werden oder eine seelische Dimension erhalten. Das kann bei einer guten Umsetzung des Märchenstoffes zu einer Bereicherung für den Aufnehmenden führen, das Märchen jedoch erfährt dadurch keine Weiterentwicklung. (Ein sehr schönes Beispiel dafür ist der Film „Gevatter Tod", in dem die Drehbuchautoren Claus und Vera Küchenmeister das Märchen in das mittelalterliche Geschehen der Stadt Görlitz integrierten und somit der eigentlichen Aussage des Märchens noch weitere allgemein menschliche Einsichten hinzufügten.)

Anders ist das bei den Sagen, wie wir es bei der Faust-Sage und eben bei der Krabat-Sage wunderbar nachvollziehen können. Beide Sagenkomplexe erfuhren durch eine beständige „literarische Modernisierung" eine vorher ungeahnte inhaltliche Tiefe und Erweiterung.

Heino Gehrts macht noch auf einen anderen Unterschied zwischen Märchen und Sagen aufmerksam.

An Hand des „Zwei-Brüder-Märchens" stellt er den Zusammenhang von Märchen und Opferritualen der archaischen Menschen her. (Beim „Zwei-Brüder-Märchen" ist die Tötung mindestens eines Bruders bzw. sein Durchgang durch das Jenseitsreich Voraussetzung dafür, daß er einen Lebensgewinn erzielt; im Märchen dargestellt als Erringung der Königstochter.)

Wenn Märchen dementsprechend Ausdruck einer Entwicklungsstufe der Menschen sind, würde das erklären, warum sie auf der ganzen Welt vorkommen, mit inhaltlicher und vor allem formaler Ähnlichkeit. Des weiteren, warum sie eine zeitlose Aktualität besitzen. Und schließlich hätten wir einen stichhaltigen Grund, warum in der entwickelten Zivilisation sich vornehmlich Kinder mit Märchen auseinandersetzen.

Heino Gehrts stellt mit seiner Analyse des Zweibrüdermärchens und dessen Nähe zu den Opferritualen fest, daß die Sage „durch den Tod beschränkt" ist: Entweder der Held fällt „als ein unwiederbringliches tragisches Opfer, er stirbt seinen ganz persönlichen unabkaufbaren Tod und erschöpft damit den Sinn seines Daseins [...] oder er wechselt hinüber in die Welt des Mythos, um hinfort dort drüben den Sinn seines Daseins in einem nun unabwendbar gewordenen Bild darzustellen. Mythos und Sage sind zwei Weltkreise, die zwar gegeneinander geöffnet sind, die jedoch völlig auseinander liegen.

Das Märchen umfaßt beide Kreise mit einer einzigen Figur [...] Opfertod ist" hier „Wandlung, und keine Verwandlung versteinert auf ewig [...]" (Heino Gehrts: „Das Märchen und das Opfer", S. 211 f.); der Tote bleibt auf das gelebte Leben rückbezogen. Der Sagenheld hingegen löst sich „an der Nahtstelle des Todes aus der Bindung mit dem Leben" (ebenda S. 213).

Daraus zieht Heino Gehrts den Schluß, daß mit Wahrscheinlichkeit die Sagen ihren Ursprung aus den Märchen nehmen.

Es ist ein tiefsinniger Gedanke im Märchen, daß alles „Unheil nicht nur wiedergutgemacht werden kann, sondern darüber hinaus die Heilung am Ende einen wirklichen Heilsgewinn abwirft [...]" (ebenda S. 219). Der Gewinn dabei ist, daß ein „Mißgeschick nie durch eine weise Frau selbst oder einen zauberkundigen Mann ins Lot gebracht wird – obwohl oft durch ihren Rat und mit ihrer Hilfe – sondern immer durch einen Nichtinitiierten, der sich durch eine die rituelle Ordnung wiederherstellende Handlung selbst zum Heilsträger initiiert." (Ebenda)

Etwas anderes als das Märchen entsteht, „sobald das erzählte Geschehen den Opfersinn verneint und durch das Bild des Todes ersetzt oder den Opfergewinn in Raub verwandelt" (ebenda S. 220) oder die Person zuungunsten der Rolle überbetont wird; dann haben wir es mit einer Sage zu tun. Die Sage ist ein Ausdruck des Ausbruchs aus der rituellen Ordnung überhaupt. Das, was beim Ritus der Person ihre Sterblichkeit und den Schrecken des Todes nahm (nämlich daß durch sein Opfer das Leben erhöht wird), wurde in eine überirdische Zone hinaufgetragen. So entstand der Mythos. Das bedeutet, die Sage hat „den ritualistisch-ganzheitlichen Sinn völlig in den Mythos ausgeschieden [...].

Im Mythos ist das Opfermodell auf die schicksallose Gottheit angewandt, und das Geschehen erhebt und erfüllt durch Unerreichbarkeit mit Wehmut." (Ebenda S. 221) In der Sage, wo der Held in den Schicksalsfesseln im Diesseitigen gebunden ist, erhebt und erfüllt das Geschehen „durch seine Unabwendbarkeit mit dem heroischen ‚Mitleid'" (ebenda S. 222). Dem Märchenhelden ist „der tiefe Ernst des tragischen Schicksals durchaus fremd" (ebenda). Der Optimismus des Märchens rührt nach Heino Gehrts „aus der Gewißheit der Opferverwandlung" her (ebenda).

Den Vergleich zwischen Märchen und Sage abschließend können wir also feststellen: „Fällt der Ton auf die Abdingbarkeit aller Opferfesseln und die Wiederherstellbarkeit der Welt, so haben wir das Märchen – wenn [...] die Unausweichlichkeit und die Unwiederbringlichkeit persönlicher Opfertode" (ebenda S. 225) vorherrscht, so handelt es sich beim dargestellten Geschehen um eine Sage.

Gerade aus dem zuletzt ausgeführten wird deutlich, warum mit der Sage eine für den Leser gewinnbringende, weil identitätsstiftende literarische Bearbeitung möglich ist. Die Helden der Sage bleiben mit der Schicksalswelt des alltäglichen Menschen verbunden. Auch wenn sie Wunder oder Zauber bewirken können, ihr Leben bleibt in erster Linie ein menschliches, das schon mit der Geburt die Schicksalsbürde des Todes trägt. Deshalb ist es richtig, daß sowohl Jurij Brêzan in seinem Buch „Die schwarze Mühle", wie auch Otfried Preußler im „Krabat" Erlösungsmittel für den bedrängten, todgeweihten Helden verwenden, die aus dem Potential des Menschenmöglichen schöpfen, nämlich der Liebe, jener schöpferisch-lebensspendenden Macht, die heute selten gesucht und kaum noch erlangt wird.

Letzteres ist ein Hauptgrund, warum heute unser Dasein sinnentleert erscheint und warum wir uns im allgemeinen so verhalten, daß wir das Leben zerstören.

Bevor wir auf die beiden eben genannten Romane kurz zu sprechen kommen, möchte ich zunächst einen Exkurs durch die schriftlich hinterlassenen Fassungen der „Krabat-Sage" unternehmen, um die Entwicklung dieses Sagenstoffes anzudeuten.

Wie schon erwähnt, ist die wohl älteste Aufzeichnung der Sage von „Krabat" die von Joachim Leopold Haupt aus dem Jahre 1837. Sie hat folgenden Inhalt:

„Von einem bösen Herrn in Groß-Särchen.

In Groß-Särchen bei Hoyerswerda war einst ein gar böser Herr. Derselbe hat den dort vorbei fließenden Bach (um ihm eine andre Richtung zu geben?) mit einem Pflug umgeackert; da er aber den davor gespannten polnischen Ochsen nicht gehörig bändigen konnte, so hat der Bach einen ganz krummen Lauf bekommen, den er noch heute hat. Derselbe Herr fuhr oft in wunderbar kurzer Zeit nach Dresden. Immer lenkte er selbst die Pferde und befahl dem Kutscher sich hinten in den Wagen schlafen zu legen. Einmal wachte der Kutscher aber auf und als er sich umsah, nahm er wahr, daß die Reise nicht auf der Erde fort, sondern durch die Luft ging. Im ersten Schreck schrie er laut und wollte aufstehen. Sein Herr bedrohte ihn aber sehr und befahl ihm, sich ruhig wieder nieder zu legen, sie könnten sonst beide sehr unglücklich seyn. Über das Gespräch waren sie auch wirklich schon in Gefahr gekommen. Denn die Pferde, auf die der Herr nicht Acht gegeben, hatten sich nicht hoch genug gehalten und der Wagen war an die Spitze des camenzer Thurmes angefahren, welche noch bis auf den heutigen Tag davon krumm gebogen ist.

Dieser Herr hat auch bisweilen schwarzen Hafer in den Kacheltopf gethan und dazu einige Worte gesprochen. Darauf sind gleich Soldaten, anfangs nicht größer als Haferkörner, hervorgekommen; zusehends aber sind sie gewachsen und endlich wie andere Menschen geworden, haben sich im Schloßhofe aufgestellt und sind hin und her marschirt, wie der Herr sie commandirt hat. Wenn er dann wieder ein Paar Worte gesprochen, so sind sie kleiner und kleiner geworden und alle wieder in den Ofentopf hineingegangen, und sah man hinein, da war darin nichts als schwarzer Hafer. Einmal behorchte der Großknecht den Herrn und merkte sich die Worte und versuchte das Kunststück auch, als der Herr eben auf dem Felde war. Es gelang ihm auch richtig; wie er aber die Soldaten wieder in den Kacheltopf bringen wollte, wußte er das Wort nicht, und sie fielen alle über ihn her und schlugen auf ihn los und er gerieth in große Todesgefahr. Der Lärm, den sie machten, war so groß, daß der Herr ihn auf dem Felde hörte. Der kam schnell herzu gelaufen, befreite den vorwitzigen Großknecht, commandirte das wilde Heer in den Ofentopf hinein und machte es wieder zu Haferkörnern." (Marie-Luise Ehrhardt: „Die Krabat-Sage – Quellenkundliche Untersuchung zu Überlieferung und Wirkung eines literarischen Stoffes aus der Lausitz", S. 81 f.)

Eine weitere Erwähnung der Sage um Krabat finden wir in Karl Haupts „Sagenbuch der Lausitz" (S. 180 f.), das 1863 erschien.

Diese Fassung unterscheidet sich nicht von der Joachim Leopold Haupts. Die Episode des Fluges mit der Kutsche nach Dresden, bei der durch Kollision der „Kamenzer Turm" seine gebogene Stellung erhielt, ist ebenso enthalten wie der „Haferzauber", der am Schluß sehr stark an den „Zauberlehrling" Goethes erinnert. Sowohl im „Zauberlehrling" wie im Geschehen der Krabat-Sage ereignet sich das Unglück, weil der Lehrling bzw. der Großknecht zwar die Formel gelernt hat, wie man die Geister ruft, jedoch nicht den Weg kennt, wie er sie wieder los wird. Das bedeutet Gefahr für sein Leben. Diese entsteht, weil ein Uneingeweihter in einen heiligen oder geweihten Bezirk tritt.

Heiligkeit drückt immer ein Phänomen aus, das von einer gesteigerten Lebensintensität gekennzeichnet ist. Deshalb kann ein solches nur ertragen werden, wenn bestimmte Voraussetzungen für das Erlebnis erfüllt sind. Die Weihe und vor allem die Vorbereitung darauf soll sie schaffen.

Die Verbindung dieses Handlungsteiles der Krabat-Sage mit Goethes „Zauberlehrling" vermerkt Joachim Leopold Haupt in einer Anmerkung. Und es verwundert nicht, daß eine spätere Fassung der Krabat-Sage von Hendrich Jórdan aus dem Jahre 1879 mit „Der Zauberlehrling" betitelt ist, obwohl dort gerade die „Hafertopfepisode" fehlt.

Erwähnenswert ist noch, daß in den Fassungen von Karl Haupt wie von Joachim Leopold Haupt von einem „bösen Herrn" die Rede ist. Dazu paßt die Geschichte vom umgepflügten Flußbett, denn in anderen Sagen ist es der Teufel, der ein neues Flußbett pflügt. Daß der Fluß dadurch „einen ganz krummen Lauf bekommen" (ebenda S. 81 f.) hat und dies eindeutig negativ bewertet wurde, zeugt, gerade wenn man es in Verbindung mit dem Teufel sieht, von einem christlichen Einschlag in der Geschichte. Der Teufel war gerade im mittelalterlichen Christentum ein Synonym für das chaotische und zudem sündhafte animalische Leben auf Erden und stand im schroffen Gegensatz zur verläßlichen Klarheit und Helligkeit des göttlichen Geistes, dessen Ideal in der unerschütterlichen Geradlinigkeit bestand. Die Klöster zum Beispiel waren eine Festung gegen die Verführungen des Lebens, ein Bollwerk gegen die fleischlichen

Sünden, um den asketischen Mönch oder die Nonnen auch physisch vor Verlockungen zu schützen. Erst mit der Stabilität der geistigen Autonomie des christlichen Menschen gegenüber dem Leben, dessen markantester Ausdruck die Entstehung des protestantischen Glaubens war, wodurch sich das Christentum endgültig zu einer Geistreligion entwickelte, schwand die Bedeutung des Teufels in der religiösen Auseinandersetzung.

Die zwischen Joachim Leopold Haupt und Karl Haupt erfolgte schriftliche Weiterführung des Sagenstoffes geschah durch Michael Hornig im Jahr 1858.

Schon in ihr wurde aus dem bösen Herrn ein guter. In dieser Sage war Krabat „sehr mildtätig und freigiebig gegenüber seinen Untertanen und gegenüber Armen, damit Gott ihm gnädig sein möchte und ihn nicht in der ‚Zauberei' sterben ließe" (ebenda S. 85).

Die Kunst des Zauberns schafft zwar Wunder, aber sie haben bei den Menschen nicht den Stellenwert, den die sogenannten „göttlichen Wunder" besitzen.

Menschlichem Zauber haftet oft ein Hauch von Ungerechtigkeit an, indem der Zauberkundige Vorteile aus seiner Kunst erzielt. Und die, die diese Fähigkeit bestaunen, sind oft genug benachteiligt gegenüber denen, die Wunderdinge vermögen. Gott in der Vorstellung eines tätigen menschenähnlichen Wesens ist dagegen zu weit weg vom Alltag, zu transzendent, als daß seine Handlungen mit einer Wertkategorie von Bevorteilung und Benachteiligung bemessen werden könnten.

Das Interessanteste an Hornigs Fassung ist die Beschreibung, wie Krabat seine Fähigkeit zu zaubern erlangte. In den beiden berühmten Bearbeitungen der „Krabat-Sage" von Brězan und Preußler spielt dieser Lernprozeß eine wesentliche Rolle. Er ist in beiden Romanen ein erster Anstoß, eine Möglichkeit zu finden, gegen die Gefahr, die vom „Schwarzen Müller" ausgeht, zu kämpfen.

Hornig schreibt in seiner „Sage aus dem Volksmund":

„Einstmals kam ein gewisser Krabat nach Leipzig und besuchte die damalige ‚schwarze' Schule, wo der ‚Schwarze' vor einer zahlreichen und besonderen Zuhörerschaft verschiedene Zauberei lehrte. Dieser verlangte kein Geld dafür, sondern alljährlich eine Seele. Wenn ein Jahr vergangen war, mußten alle Zuhörer vor dem ‚Schwarzen' zusammenkommen, der sie nach der Reihe auf eine Bank setzte und in Raben verwandelte. Dann mußte die Mutter jedes Zuhörers kommen und unter den Raben ihren Sohn erraten. Falls ihr das nicht gelang, war des Sohnes Seele dem ‚Schwarzen' fast sicher; eine einzige Hoffnung blieb noch zur Rettung. Jene nämlich, deren Mütter im Raten unglücklich waren, spielten jetzt mit dem Würfel; nur der, welcher dabei das Niedrigste warf, verfiel dem ‚Schwarzen' auf ewig." (Ebenda S. 84 f.)

Zweierlei fällt bei dieser Beschreibung auf. Zum einen, daß der Zaubermeister kein Geld nimmt und zum anderen, daß er nur eine einzige Seele verlangt. Letzteres bekräftigt noch einmal, daß der quantitative Wert des Geldes tatsächlich keine Rolle spielt. Zudem muß festgestellt werden, daß die Erwähnung einer fehlenden finanziellen Entschädigung für die Lehre bei einem so knappen Sagentext eine wichtige Bedeutung hat, insbesondere, weil der Text in einer Zeit geschrieben wurde, wo mit der eruptiven Ausbreitung des industriellen Wirtschaftslebens die Bedeutung des Geldes immer mehr wuchs. Es soll uns letztlich zeigen, daß diese Zauberschule außerhalb des alltäglichen Lebens steht, in einem Bereich, in dem andere „Existenzgesetze" vorherrschen.

Indes, das Erlösungsmotiv, in dem die Mütter ihre Söhne befreien, ist bei Hornigs Fassung sehr widersprüchlich. In dem beschriebenen Fall kommt die Mutterliebe gegen die Zauberkraft nicht an. Es gibt dort Mutterherzen, die fehlgehen bei der Prüfung, ihren Sohn in anderer Gestalt wiederzuerkennen, – was für die Darstellung der Mutterliebe in Märchen und vielen Sagen untypisch ist, denn dort kennt sie keinen Irrtum, wenn sie ihr Kind finden muß (wie ebenso umgekehrt). Sehr eindrucksvolle Beispiele dafür lassen sich in einigen russischen Märchenfilmen entdecken. In dem Film „Die verzauberte Marie" soll beispielsweise ein kleiner Junge seine Mutter unter vielen gleich aussehenden Gestalten erkennen. Er löst die Aufgabe, weil er die sehnsüchtig in unsichtbare Ferne blickenden Augen seiner Mutter von denen der kalten leblosen Augen der gespiegelten Mutter unterscheiden kann.

Die gleiche Fähigkeit der Mutterliebe besitzt auch die Geliebte. Im Märchenfilm „Die schöne Warwara" soll der Märchenheld die Tochter des Wassergeistes, die er liebt, als verwandelte weiße Taube unter vielen anderen weißen Tauben erkennen. Dieser empfindet das als keine schwere Prüfung und zeigt sofort auf die verzauberte Geliebte.

Kurzum, die für Märchen und Sagen charakteristische Gestalt der Mutter bräuchte keine Tricks, um die Aufgabe des Zaubermeisters zu lösen, indem sich zum Beispiel, wie es in Hornigs Krabat-Sage ausgeführt wird, der zu Erlösende als einziger der Raben am rechten Flügel kratzt.

In einer Krabat-Fassung aus dem Jahre 1865 von Georg Gustav Kubasch kann Krabat die „schwarze Schule" nach seinen Lehrjahren ohne weiteres verlassen, um den Leuten seine Künste zu zeigen. Diese eigentlich bewährungslose Entlassung aus der Zauberschule entspricht dem Charakter der Erzählung von Kubasch. In ihr hat die „schwarze Schule" vor allem die Funktion des Bösen, das Krabat erleben muß, damit er sich im Laufe seines Lebens zum Guten entwickelt. Eine Besonderheit bei Kubaschs „Krabat-Geschichte" ist die erstmalige Verwendung der Türkenkriegepisode, wo Krabat mit Hilfe seiner Zauberkraft den König aus der Gefangenschaft der Türken befreit. Sie wird in den nachfolgenden Fassungen ein fester Bestandteil der Erzählungen um die Sagenfigur des Krabat. Doch kehren wir noch einmal zu den Erlösungsmotiven zurück, die die Möglichkeit bieten, einen Zauberlehrling aus der „schwarzen Schule" zu entbinden.

Georg Pilk zum Beispiel, dessen Variante der Sage über den wendischen Zauberer 1900 erschien, benutzt auch die mütterliche Kraft, um Krabat aus der Zauberschule zu befreien. Und wie bei Hornig wird die Mutter von ihrem Sohn unterwiesen, wie sie die Aufgabe des Zauberers lösen kann: „Ich sage es Euch jetzt, woran Ihr mich erkennen müßt. Wir werden alle, in schwarze Raben verwandelt, in einer Kammer sitzen und uns mit den Schnäbeln scharren und kratzen nach Vogelart. Alle Kameraden werden den Hals nach der linken Seite gewendet haben, ich allein werde mich unter dem rechten Flügel zupfen. Da habt wohl acht, es ist das einzig mögliche Erkennungszeichen, das ich Euch zu geben vermag." (Ebenda S. 87) Indes Pilk begründet noch auf andere Art, warum gerade eine Mutter ihren Sohn retten kann, indem er erklärend hinzufügt „denn einer Mutter kann in solchem Fall kein Zauberer widerstehen." (Ebenda)

Bei Brêzans Erzählung „Die schwarze Mühle" erlöst eine Mutter nicht nur ihren Sohn, nämlich Markus, sondern adoptiert den Waisenjungen Krabat kurzerhand mit, aus Dank, daß er ihr verriet, wo sich ihr leibliches Kind befindet. Man könnte hier die Liebe aus Dankbarkeit als Gegenkraft gegen die Zauberkraft des „Schwarzen Müllers" anführen, jedoch ist das wenig stichhaltig, zumal auch in dieser Geschichte Markus und Krabat Erkennungszeichen geben müssen, damit die Mutter beide unter den zwölf schwarzen Raben herausfindet. Markus erkennt sie daran, daß er sich als einziger Rabe am rechten Flügel putzt. Eine List, mit der in den älteren Fassungen Krabat erlöst wurde; während dieser sich in Brêzans Geschichte von den anderen durch einen Schimmer am rechten Rabenfuß unterscheidet, der ursprünglich ein schimmernder Streifen am rechten Handgelenk ist, den er von einer Frau als Zeichen der Freude bekommen hat, weil er deren Kind vor dem Ertrinken gerettet hat. Die Befreiung Krabats mit Hilfe der Adoptivmutter bekommt in der Erzählung „Die schwarze Mühle" später aber dann doch noch ihren Sinn bzw. ihre Berechtigung, weil Markus' Mutter gegenüber Krabat tatsächlich eine mütterliche Liebe entwickelt, ansonsten hätte sie ihm den Todesschuß, den er gegen ihren leiblichen Sohn abschoß, nicht verziehen: „‚Hast du Markus getötet?' fragte sie. ‚Ja Mutter', antwortet Krabat und neigt den Kopf, er wartet auf ihr Wort. ‚Du bist mein Sohn. Erzähle, wie dein Bruder starb!'" (Jurij Brêzan: „Die schwarze Mühle", S. 73)

Otfried Preußler befriedigte die Erlösungsvariante, nach der eine Mutter Krabat mit einem vorher abgesprochenen Kunstgriff vom Bann der Mühle befreit, nicht, zumal bei ihm die Befreiung am Schluß seiner Erzählung vorkommt. Er kommentiert selbst: „Nach allem, was sich zwischen Krabat und der Kantorka, aber auch zwischen ihm und dem Müller bisher ereignet hatte, erschien mir nun die vorgefundene Motivierung des Wiedererkanntwerdens (Krabat steckt als einziger der in Raben verwandelten Müllerburschen den Schnabel nicht unter den linken Flügel) allzu simpel und vordergründig, als daß ich sie jetzt noch guten Gewissens hätte verwenden dürfen." (Otfried Preußler: „Krabat", S. 294)

Die gleiche Abwandlung der Errettung Krabats aus dem Machtbereich des Lehrmeisters durch ein gleichaltriges Mädchen, wie sie Otfried Preußler in seinem Roman vornimmt, entdecken wir schon in der Krabat-

Sage von Hendrich Jórdan aus dem Jahre 1879, die später Georg Pilk (1900) in der Krabat-Erzählung „Die wendische Faust-Sage" ebenfalls nutzte.

In der Geschichte von Pilk sind also beide Erlösungsvarianten vorhanden, zunächst befreit die Mutter Krabat aus der Zauberschule, und dann hilft ihm ein jungfräuliches Mädchen beim Kampf gegen den Zaubermeister.

In der Erzählung „Der Zauberlehrling" von Jórdan tötet das Mädchen den Zauberer selbst. Das geht wie folgt vonstatten: Als der Zauberlehrling sich auf dem Markt als verwandeltes Pferd von seinem Vater verkaufen läßt, bemerkt er, daß der Käufer sein Zaubermeister ist. Gleich verwandelt er sich in eine Taube und fliegt davon. „Der Schwarzkünstler folgte ihr sofort in Gestalt eines Raben. Nachdem die Vögel eine Weile in der Luft herumgekreist waren, erspähte die Taube ein offenes Fenster; sie flog sofort hinein. In der Stube befand sich ein Mädchen. Die Taube verwandelte sich in einen Ring und legte sich dem Mädchen um den Finger. Sogleich stand vor dem Mädchen ein Mann und bat um den Ring. Bevor aber das Mädchen noch den Ring abgestreift hatte, fiel er als Gerstenkorn unter den Tisch. Augenblicklich verwandelte sich der Mann in eine Henne und wollte das Gerstenkorn aufpicken, allein das Mädchen merkte, daß hier nicht alles richtig sei, ergriff die Henne und schnitt ihr den Kopf ab. Da war es mit dem Zauberer auf einmal aus. Darauf verwandelte sich das Gerstenkorn wieder in den jungen Bauer." (Marie-Luise Ehrhardt: „Die Krabat-Sage – Quellenkundliche Untersuchung zu Überlieferung und Wirkung eines literarischen Stoffes aus der Lausitz", S. 93.)

Preußler nutzt diese Episode in seiner Krabat-Geschichte als Traummotiv. In diesem Traum erlebt Krabat, daß er mit Hilfe seines geliebten Mädchens vom Meister erlöst werden kann. Dabei ist nicht die Handlung des Mädchens ausschlaggebend, sondern ihre Gegenwärtigkeit als potentielle Kraft einer alles überwindenden (besiegenden) Liebe. Das kommt auch in der „Krabat-Version" von Pilk deutlich zum Ausdruck, wo Krabat beim Haus einer „züchtigen Jungfrau" den Zaubermeister tötet, indem er sich in einen Fuchs verwandelt, der den Hahn zerreißt. Pilk setzt in Bezug auf die Präsenz des Mädchens eine erklärende

Ergänzung der gesamten Verwandlungsszene hinzu: „Über die unschuldige Maid hat der Böse keine Gewalt." (Ebenda S. 109)

In der Bearbeitung von Georg Pilk wird übrigens das erstemal von einer Mühle im Dorfe Schwarz-Collm gesprochen, wo Krabat das Zaubern lernt. Dem Charakter der Pilkschen Version entsprechend, die eine Darstellung der Entwicklung eines fehlgehenden Menschen hin zur christlichen Frömmigkeit ist, wird diese Mühle eine Teufelsmühle genannt, wo ein Mann haust, „der weit und breit als Schwarzkünstler verschrieen und deshalb von allen Frommen ängstlich gemieden war" (ebenda S. 106). „Grundgedanke der Krabat-Sage ist [...]" für Pilk, und das schreibt er im Text ausdrücklich, „daß nur das Sterben bei Ausübung der bösen Kunst die ewige Verdammnis gewiß nach sich ziehe, im übrigen aber der Schwarzkünstler eben so gut wie jeder andere Mensch selig werden könne" (ebenda S. 115). Diese recht vage Behauptung von Pilk macht es ihm möglich, die Gestalt des Krabat mit der des Doktor Faustus zu vergleichen; er nennt ja schließlich seine Erzählung „Die wendische Faust-Sage".

Jedoch ein solcher Vergleich ist keineswegs überzeugend. Faust ist ein Suchender, ein nach Wissen strebender Mensch, um dadurch persönliche Macht über den natürlichen Alltag zu gewinnen. Mit diesem Bemühen ist er aber anfällig für die Einflüsse des sogenannten Bösen oder, anders gesagt, des Menschenfeindlichen, das ihn zu unsittlichen Handlungen veranlaßt. In Analogie dazu steht die wissenschaftliche Haltung des aufgeklärten Menschen, der Wahrheit in erster Linie als wertfreie Tatsächlichkeit definiert. Ein solches Erkenntnisstreben erfordert eine Verantwortung für das menschliche Tun, die nicht mehr vornehmlich aus einem sogenannten Verantwortungsgefühl entstehen kann, sondern in der geistigen Auseinandersetzung mit dem gegenwärtigen Dasein erzeugt werden muß.

Krabat hingegen ist keine Faustgestalt. Er weiß nichts von den Wissenschaften, ihn interessieren sie nicht, er ist eingebettet in sein unmittelbares Leben und nutzt seine zauberischen Fähigkeiten nur, weil er sie eben zufälligerweise gelernt hat. Unter anderem deshalb ist die dichterische Umwandlung des Mannes Krabat in einen pubertierenden Jungen in Preußlers Roman problemlos.

Einzig bei Brêzans „Schwarzer Mühle" wird das Faustmotiv des Wissens, das Macht bedeutet, ernsthaft bearbeitet und in eine dem Humanismus dienende Form des Gerechtigkeitsstrebens umgewandelt.

Indes, abgesehen von der fragwürdigen Berechtigung des Vergleiches zwischen Krabat und Faust durch Georg Pilk, mit seiner Geschichte wurde erstmals eine literarische Bearbeitung der Krabat-Sage durchgeführt, die bewußt auf eine ganz bestimmte Aussage zielt. Damit endet mit Pilks Fassung das Bemühen um eine möglichst „‚authentische' Aufzeichnung der Sage aus dem Mund des Volkes [...] Mit dem Fortleben der Sage in literarischer Bearbeitung gewinnt sie eine andere Form, unterliegt aber auch anderen Gesetzen der Beurteilung." (Ebenda S. 53)

Doch bevor wir uns damit beschäftigen, seien der Vollständigkeit halber noch einige Aufzeichnungen der Krabat-Sage erwähnt.

Da hätten wir eine von Johann Goltsch, veröffentlicht im Jahre 1885. Diese Erzählung ähnelt der von Joachim Leopold Haupt. Neu ist bei ihr, daß Krabat das Zaubern nicht ausdrücklich erlernt hat, sondern es mit Hilfe eines Zauberbuches vermag. Dieses Zauberbuch muß Krabat vor seinem Tod vernichten. Er befiehlt seinem Diener, es in den Teich hinter dem Dorf zu werfen. Der Diener aber hofft, nach Krabats Tod das Buch zu seinem Vorteil verwenden zu können und versteckt es. Erst nach der Ermahnung Krabats, seinen Anweisungen Folge zu leisten, wirft es der Diener in den Teich, woraufhin Krabat den Tod findet.

Die Abhängigkeit der Zauberkraft von einem Buch zeugt von einer materialistischen Prägung der Figur Krabats. Dem Menschen werden in der materialistischen Ideologie keine magischen Möglichkeiten mehr zugestanden. Solche kann er nur von einem wunderlichen Gegenstand erlangen. Das im Jung'schen Sinne extravertierte Weltbild der Aufklärung kommt deutlich zutage. Der neuzeitliche Denker anerkennt eine Schöpferkraft eigentlich nur, wenn sich dafür eine Ursache aufweisen läßt und sie zudem eine nachvollziehbare Verwirklichung erfährt.

Es ist bezeichnend, daß in der späteren Krabat-Literatur sowohl bei Martin Nowak-Neumann, wie auch bei Jurij Brêzan das „Zauberbuch", der Koraktor, bzw. das „Buch des Wissens" Bedingung ist, um überhaupt wirksamen Zauber zu vollführen. Auch bei Preußler spielt der Koraktor eine nicht unwesentliche Rolle, denn nur aus ihm erfährt Krabat eine

Möglichkeit, die Macht des Müllers zu brechen, jedoch verwendet Preußler auch die andere Form, wie man übernatürliche Fähigkeiten erlangen kann, indem die Zaubersprüche auswendig gelernt werden.

Eine weitere Veröffentlichung der Krabat-Sage erfolgte 1887 durch Christian Traugott Pfuhl. Auch hier ist das Zauberbuch Bedingung für die ungewöhnlichen Fähigkeiten von Krabat. Pfuhl berichtet: „Auf der letzten Seite dieses Buches war ein Anhang, dort war gezeigt, wie man die Kühe ‚einrichten' kann, so daß sie keine Milch mehr haben oder Blut geben. Krabat riß diese Seite heraus und zerfetzte sie in feine Stückchen, die er ins Feuer warf und sagte: ‚Schaden will ich niemandem; ich will von der Zauberei nur Spaß und Freude haben.'" (Ebenda S. 102) Hier verliert der Zauber seinen Ernst. Gleichzeitig ist er nur auf den Nutzen ausgerichtet, der nicht mit dem oben genannten Lebensgewinn, der beim Opferritual erlangt werden kann, gleichzusetzen ist. Um den Unterschied von Nutzen und Lebensgewinn zu verdeutlichen, nehmen wir nochmals das Phänomen der Liebe zu Hilfe, denn ein Liebender hat von ihr keinen direkten effektiven Ertrag, wohl aber eine vitale Bereicherung und das nicht nur auf persönlicher Ebene.

Am Beispiel der Pfuhlschen Handhabung der zauberischen Fähigkeiten Krabats können wir sehen, in welch subtiler Weise der magische Bezirk menschlicher Erfahrung durch das vornehmlich naturwissenschaftliche Weltbild verdrängt wird.

Im übrigen war Krabat nach Pfuhl „ein vermögender Junker, ledig, sehr mildtätig gegenüber seinen Untertanen und gegenüber jedem Menschen" (ebenda). Ansonsten finden wir in seinem Bericht viele bereits bekannte Episoden um die Sagengestalt Krabats wieder, wie die Soldatenverwandlung aus Getreide, den Kutschenflug oder den Türkenkrieg.

Am Ende von Krabats Leben geht es auch in dieser Bearbeitung um die Frage, ob ein das sogenannte Teufelswerk des Zauberns ausführender Zauberer trotzdem die christliche Erlösung erlangen kann. Der sterbende Krabat sagt bei Pfuhl zu seinen Untertanen: „Wird, wenn ich sterbe, an meinem Fenster ein Rabe sein, so wird es schlecht um mich stehen; wird aber dort eine weiße Taube sein, so wird es gut um mich stehen." (Ebenda S. 105) Schon die gerade erwähnte Charakterisierung eines gutherzigen und mildtätigen Junkers fordert die Konsequenz einer paradiesischen Aussicht für den toten Krabat.

Eine erneute Publikation der Krabat-Sage finden wir im „Gebirgsfreund", einer illustrierten Zeitschrift für Topographie, Geschichte und Touristik des Riesen- und Isergebirges, von Johann Traugott Mutschink aus dem Jahre 1902. Diese Mitteilungen beziehen sich direkt auf die Sagenfassung von Georg Pilk. Krabat lernt dementsprechend die Zauberkunst in einer Teufelsmühle.

Bemerkenswert ist dabei, daß, wenn von einer Mühle die Rede ist, sofort eine rituelle Dimension in das Geschehen kommt. Beispielsweise ist sowohl bei Pilk wie bei Mutschink die genaue Zahl der Mühlknappen angegeben, nämlich zwölf, und der Verlust eines Gesellen muß durch einen neuen ersetzt werden. In der pilkschen Fassung heißt es dazu: Der Hexenmeister und Lehrer der schwarzen Kunst „hatte stets zwölf Mühlknappen bei sich, die in Wirklichkeit aber Studierende des bösen Handwerkes waren. Es mußten immer zwölf sein, so hielt es der Müller. Wenn das Lehr- und Prüfungsjahr endete, dann ging jedesmal einer derselben verloren. Ein großes Rad bezeichnete durch Umdrehung den Unglücklichen, der dem Verderben geweiht wurde. So waren auch jetzt gerade nur elf Schüler vorhanden, und Krabat sollte die entstandene Lücke ausfüllen." (Ebenda S. 107)

Die Zahl 12 stellt als Zeichensymbol einen geschlossenen Kreis dar. Dies ist gut nachvollziehbar, man denke nur an die zwölf Monate, die einen Jahresring vollenden. Die zwölf Mühlknappen bilden demnach eine geschlossene Einheit. Damit sie aber lebendig ist, muß es innerhalb dieser Gruppe eine erneuernde Bewegung geben, dies wird durch den Verlust eines alten und die Wiedereinsetzung eines neuen Mühlknappen erreicht. Auch in den beiden Romanen von Preußler und Brêzan sind es jeweils zwölf Müller, die in der Mühle arbeiten.

Heinrich Andreas Schömmels Aufsatz „Der Lausitzer Zauberer Krabat (Johann von Schadowitz)" aus dem Jahr 1903, ebenfalls erschienen im „Gebirgsfreund", ergänzt Mutschinks Ausführungen. Insbesondere versucht Schömmel, die historische Gestalt Krabats in der Person des Johann von Schadowitz stärker herauszuarbeiten. Er schreibt: Der Volksmund nannte „den pensionierten, in Agram gebürtigen Kroatenoberst Johann von Schadowitz einfach nur Krabat. Das Dorf Groß-Särchen oder auch ‚Klein-Gorau' genannt, wo von Schadowitz die letzten Jahre seines Lebens verbrachte, gehörte zur Standesherrschaft Hoyerswerda." Groß-Särchen „hatte zur damaligen Zeit ein herrschaftliches Vorwerk und Schäferei, ein Forsthaus, eine herrschaftliche Mühle mit zwei Gängen und einer Stampfe, eine Erbschenke, 3 Teiche, welche mit etwa 330 Stock Karpfen besetzt worden und eine evangelische Kirche. Die Dorfinsassen [...] mußten auf dem Vorwerke Hofdienste leisten. Vom 4.–7. Februar 1688 weilte der Erb- und Lehnbesitzer von Hoyerswerda, Johann Georg III. Kurfürst von Sachsen mit 130 Personen und 15 Pferden in Hoyerswerda, um sich auf dem Haagteiche mit der holländischen Schlittenfahrt und sonstigen Spielen [...] zu belustigen. Unter seinen Begleitern befand sich auch von Schadowitz, der damals noch Rittmeister war. Der Volksmund erzählt nun: Schadowitz sei auch bei dieser Gelegenheit in Groß-Särchen gewesen, die Gegend habe ihm sehr gut gefallen, und er habe den Wunsch geäußert, dieses Gut zu besitzen. Noch unter der Regierung des oben genannten Kurfürsten sei ihm dieser Wunsch in Erfüllung gegangen. Ob durch Kauf oder als Geschenk für treu geleistete Dienste, dürfte sich wohl nicht mehr mit Gewißheit feststellen lassen.

Gleich als dieses Dorf (Groß-Särchen) dem Obersten von Schadowitz übergeben wurde, brannte am 7. April 1691 nachmittags 3 Uhr das Vorwerk samt 3 Wohnhäuser weg. Ein Schuster aus der Stadt, namens Christoph Reinhold, verbrannte dabei, da er sich allzusehr nahe ans Feuer wagte." (Ebenda S. 125)

Diese Angaben entnahm der Verfasser aus „Frentzels Chronik der Stadt und Herrschaft Hoyerswerda". Weiter fährt er fort: „Der Wiederaufbau der Gebäude dürfte baldigst erfolgt sein. Aller Wahrscheinlichkeit nach stammt das noch jetzt daselbst stehende altertümliche Gutsgebäude von dieser Zeit, denn keine Chronik weiß zu berichten, daß ein Brand das Wohnhaus eingeäschert hat oder ein größerer Umbau an demselben bis jetzt erfolgt wäre.

Da der Kroatenoberst der katholischen Kirche angehörte, so besuchte er die eine halbe Meile von Groß-Särchen entfernte Pfarrkirche in Wittichenau. Fast täglich konnte man ihn daselbst in seiner Bank rechts vom Hochaltare sehen. Einem unverbürgten Gerüchte zufolge soll er auch bemüht gewesen sein, die Bewohner seines Dorfes zur katholischen Kirche zurück zu führen. Er wollte ihnen eine neue Kirche bauen und sie von allen Diensten und Abgaben befreien. Doch die Groß-Särchner hielten zu ihrem Pfarrer M. Johann Cichorius, willfahrten seinem Wunsche nicht, sondern blieben der evangelischen Religion treu.

Weit und breit war Krabats Mildtätigkeit bekannt. Jedesmal wenn er zur Kirche fuhr, standen am Weg eine Menge Leute. Diesen warf er stets Geldmünzen zu, und er soll immer dabei die Bitte verbunden haben: ‚Betet für mich, damit ich nicht um 12 Uhr sterbe und Gott meiner armen Seele gnädig sei.' Erstere Bitte soll auch in Erfüllung gegangen sein, denn von Schadowitz soll tatsächlich vormittags halb 12 Uhr gestorben sein." (Ebenda)

Neben diesen und noch weiteren geschichtlichen Bezügen zu Krabat erzählt Schömmel noch von vier typischen Episoden aus den Krabat-Sagen, unter anderem auch die vom Haferzauber.

Schließlich sei noch die Version der Krabat-Sage von Jerzy Slizinski erwähnt, die 1964 in dem Buch „Sorbische Volkserzählungen" erschien. Slizinski beruft sich auf den Schneider Hermann Bjenada, der 1889 in Komorow, Kreis Bautzen, geboren wurde und dessen Erzählungen über Krabat am 24. 10. 1959 in Komorow aufgezeichnet wurden. Wir finden hier viele schon oft verwendete Geschichten um die Sagengestalt Krabats wieder, wie die Befreiung aus der Schwarzkollmer Mühle durch die Mutter oder den Verkauf Krabats als verwandelter Ochse und als Pferd.

Bei letzterem Handel ist es wiederum Krabats Lehrmeister, der ihn als Pferd kauft. Doch auch diesmal kann Krabat ihm entwischen. Zuflucht findet er nun jedoch nicht in dem magischen Kreis eines jungfräulichen Mädchens, sondern Krabat fliegt als Schwalbe rechtzeitig unter das heimische Dach, wo der in einen Habicht verwandelte Zauberer keine Macht mehr über ihn hat. Die Aussage der Episode bleibt freilich dieselbe, denn sowohl das Heim, wie die Mutter als auch die Geliebte sind Wesensmächte der Geborgenheit. (Eine Jungfrau wiederum verkörpert unter anderem das Potential für die Geborgenheit durch Liebe.) Und die bergende Obhut der eben genannten Phänomene stellt in der Märchen- und Sagenwelt eine Schutzfunktion gegenüber allem äußeren Geschehen dar.

Des weiteren finden wir bei Slizinskis Aufzeichnung der Krabat-Sage den Kutschenflug. Diesmal stieß man dabei aber an den Pulsnitzer Kirchturm. Weiterhin sind der Haferzauber enthalten wie auch der Versuch des Dieners, das Zauberbuch nicht zu vernichten. Als Zeichen für die Seligkeit Krabats nach seinem Tod wird ein weißer Schwan verwendet.

Neu für eine direkte Sagenwiedergabe ist die Erwähnung, daß Krabat am Ende seines Lebens die Güter an die armen Bauern und Arbeiter verteilt. Diese für eine Sage untypische sozialpolitische Einstreuung führt uns zur Erzählung „Meister Krabat" von Martin Nowak-Neumann, der die Entwicklung vom gedankenlosen Gutsbesitzer Krabat zum sozialistischen Helden als Grundthema für seine Bearbeitung verwendet.

Das Buch „Meister Krabat" schrieb Martin Nowak-Neumann 1954.

Er übernimmt im großen und ganzen fast alle Geschichten der bisher genannten Krabat-Versionen. Zudem wurden im achten Kapitel noch Elemente aus der Sage vom wandernden Müllerburschen Pumphut eingearbeitet, ohne Nennung seines Namens. Jedoch, wenn Krabat als Müllerbursche das Land durchwandert und den Bedrängten hilft und die Reichen neckt, dann weist das auf die Sagengestalt des Pumphut hin.

Nowak-Neumanns Bestreben war, mit seiner Erzählung zu zeigen, daß lediglich dann wirkliche Menschlichkeit aus den eigenen Handlungen erwächst, wenn sie den Geknechteten zugute kommen.

Um diese Idee klar herauszustellen, verändert er „den überlieferten Sagenstoff in konsequenter Weise. Der Sohn armer, ausgebeuteter Eltern, der die Unterwerfung predigenden Pfarrer nicht verstehen kann und dem die Schulen verschlossen sind, lernt beim Zaubermüller, bis er diesen an Wissen übertrifft. Der später erfolgreiche Krabat wird nicht wie bei Pilk zum Freund des Königs, sondern dieser nimmt ihn lediglich in Anspruch; das Vorwerk Särchen, die ‚Entenpfütze', gibt ihm der König aus einer Laune heraus, zumal dieser das ‚aus lauter Sand und Sumpf' bestehende Vorwerk gar nicht anders zu verwenden weiß." (Ebenda S. 58)

Damit die Rolle des guten Krabat, der letztlich die Arbeiter und Bauern aus ihrem sozialen Elend befreit, deutlich wird, läßt Nowak-Neumann das Geschehen nach Beendigung des Dreißigjährigen Krieges ablaufen, als die Not besonders groß war und die Ungerechtigkeit, die damals zwischen Armen und Reichen vorherrschte, klar hervortrat: „Es war vor langer, langer Zeit, damals vor 300 Jahren, gleich nach dem großen Krieg, der dreißig Jahre lang im Land hauste und so viele Dörfer, Städte und Menschen fraß. Eine gar harte und traurige Zeit war das, so grausam war sie, daß man es nicht einmal schildern kann. Soldaten und Räuber hatten Städte und Dörfer und Gehöfte in Schutt und Asche gelegt. Wo sie die Menschen nicht erschlagen hatten, hatten sie ihnen Hab und Gut genommen. Alles Volk war in graues Elend geraten und war arm wie der ärmste Habenichts. Wahr und wahrhaftig, das wilde Getier lebte damals einen besseren Tag als der Mensch! Freilich, allen Leuten ging es nicht so schlecht. Die Junker taten sich eher noch mehr gütlich als vordem. Während des Krieges hatten sie sich als Offiziere viel fremdes Gut erplündert. Der Kaiser zu Wien hatte ihnen nichts mehr zu befehlen, so konnten sie tun, was sie mochten. Und alle – die Kurfürsten, Fürsten, Herzöge, Grafen –, die ganze adlige Sippschaft hatte nur noch eins im Sinn: in Saus und Braus zu prassen, glänzende Feste zu feiern und dabei ihre Untertanen, die armen Hörigen, auszubeuten und zu beuteln, zu schlagen und zu schinden und sie so zu quälen, daß es einen Stein erbarmen konnte." (Martin Nowak-Neumann: „Meister Krabat – der gute sorbische Zauberer", S. 2 f.)

Vor diesem Hintergrund drängt es sich regelrecht auf, daß der letztlich einsichtig gewordene Gutsherr Krabat nicht bloß den Bauern mit seiner Zauberkraft hilft, zum Beispiel die Sümpfe trocken zu legen, sondern sie aus der Leibeigenschaft entläßt. Dieser Krabat fragt sich, was er bisher mit seiner ganzen Zauberkunst vollbracht hat. „Nichts als Hexereien und Schwindel und Narrenpossen und Unsinn. Sich in einen Spatz oder Stier verwandeln, Regenwürmer aus Nudeln und Soldaten aus Saathafer hervorzuzaubern, durch die Lüfte fliegen – wem bringt das Vorteil, wem nützt und hilft das?" (Ebenda S. 41)

Indem er seine Antwort auf diese Frage praktisch verwirklicht, wird aus dem Zauberkundigen ein Volksbefreier. Denn allein den Bauern durch seine Zauberkraft zu helfen genügt ihm mit der Zeit nicht, das eigentliche Grundübel wollte er beseitigen. Nowak-Neumanns Krabat sprach zu sich: „Was denn – ich sitze immer noch wie ein Junker auf diesem Vorwerk und auf dieser Scholle, die einst vor Jahrhunderten fremde räuberische Ritter den sorbischen Bauern weggenommen haben. Und immer noch müssen die Bauern hier auf meinen Feldern als meine Hörigen fronen. Welches Recht habe ich denn darauf? Damit muß es sofort und auf der Stelle ein Ende haben!" (Ebenda S. 42)

Nicht allein wegen dieser Ausrichtung der erzählten Geschehnisse um eine sorbische Sagengestalt erscheint das Buch als ein Beispiel vulgärproletarischer Literatur. Vor allem die Wortwahl bei der Charakterisierung der einzelnen Gestalten macht dies deutlich. Nowak-Neumann verfällt in eine vereinfachte Klassifizierung, bei der die Reichen das zu verfluchende und zu bekämpfende Böse sind und die Armen allein schon wegen des Umstandes der Besitzlosigkeit die Guten sein müssen. Das hat freilich nichts mit einer möglichen Flächenhaftigkeit der Figuren zu tun, wie wir sie oben beim Märchen als Stilmittel herauskristallisierten, wo die einzelne Märchengestalt mit sehr wenigen charakteristischen Eigenschaften ausgestattet wird. Ganz im Gegenteil, der Verfasser unterstreicht seine triviale Unterscheidung mit Attributen, die den Gegensatz von Gut und Schlecht noch untermauern, so daß die handelnden Personen durchaus, wenn auch sehr einseitige, individuelle Züge erlangen. So bezeichnet beispielsweise Nowak-Neumann die Kurfürsten, Herzöge und Grafen verbal als „adlige Sippschaft" (ebenda S. 3), Könige und Fürsten sind für ihn „gewöhnlich undankbar" (ebenda S. 31) und sein Krabat hält „nichts auf die öligen Reden und Schmeicheleien des Junkerpacks" (ebenda S. 35). Die Pfarrer werden in diesem Buch im allgemeinen abwertend als „Pfaffen" (ebenda S. 35) bezeichnet und des Königs von Sachsen markanteste Beschreibung teilt dem Leser mit, daß er ein aufgeblasener, verschwenderischer und vergnügungssüchtiger Herrscher sein soll (siehe ebenda S. 40).

Kurzum, die sich als menschlich verstehende sozialistische Gesellschaftsideologie mit ihrer vereinfachten Einteilung in Gesellschaftsklassen, die in Nowak-Neumanns Erzählung deutlich zutage kommt und die in letzter Konsequenz eine selbständige Entwicklung eines Individuums hin zu einer menschenwürdigeren Handlungsweise nicht in ihrem Kalkül hat, ist eigentlich schon wieder unmenschlich. Es verwundert demnach nicht, daß sich allein schon aus diesem Grund erst einmal nur diktatorische Formen für ein solches ideologisches Weltbild herausbilden konnten. Daß dies freilich kein Automatismus bleiben mußte und in der Bevölkerung der sozialistischen Länder durchaus die Fähigkeit und die Bereitschaft zur Weitergestaltung der Gesellschaft vorherrschte, mit dem dafür nötigen Pluralismus, beweist beispielsweise das herausragende Niveau der Gegenwartsliteratur der DDR, das in der Bundesrepublik und später in Gesamtdeutschland bis heute nicht annähernd eine derartige Qualität und schon gar nicht eine solche Vielfalt erreicht hat.

Nowak-Neumanns Erzählung „Meister Krabat" stellt also keineswegs einen Höhepunkt in der Bearbeitung der „Krabat-Sage" dar. Nichtsdestoweniger hat sie einen nicht unwesentlichen Stellenwert, war sie doch vielleicht Anstoß für Jurij Brêzan, seine „Schwarze Mühle" zu schreiben – zumindest hat er Nowak-Neumanns „Krabat" aus dem sorbischen ins deutsche übersetzt. Otfried Preußler jedenfalls machte diese Geschichte zum wiederholten Male auf den Sagenstoff um den Zauberer Krabat aufmerksam. Er berichtet selbst: „Direktor Walter Scherf hatte eine erste größere Sendung von Kinder- und Jugendbüchern in tschechischer Sprache aus Prag erhalten, darunter den Band ‚Mistr Krabat' von Martin Nowak-Neumann, eine Übersetzung der ursprünglich in sorbischer Sprache niedergeschriebenen Krabat-Sage [...] Das [...] Buch überraschte mich insofern, als es die Geschichte über den mir bekannten, mit dem Tod des Meisters endenden Teil hinaus weiterführte und von Krabats Abenteuern im Türkenkrieg, am sächsischen Hof und als Grundherr auf dem Gut Groß-Särchen berichtete, das August der Starke ihm zum Dank für seine Verdienste geschenkt hatte. Das schlicht und volkstümlich erzählte Buch endet damit, daß Krabat im hohen Alter der Zauberkunst entsagt und die leibeigenen Bauern von Groß-Särchen zu Erben seines Besitzes einsetzt; er selbst findet nach dem Tod Gnade und Erlösung, was durch ein mit seinen Freunden vereinbartes Kennzeichen bestätigt wird. Von dem hier vorgefundenen Stoff aufs Neue gepackt, beschloß ich ihn zum Gegenstand einer eigenen Erzählung zu machen." (Otfried Preußler: „Krabat", S. 290/291.)

Beleuchten wir nun kurz Jurij Brêzans Buch „Die schwarze Mühle". In diesem wird der Sagenstoff in ähnlicher Weise umgestaltet wie von Nowak-Neumann. Indes Brêzan benutzt die Figur des Krabat nicht allein dazu, eine ideologische Idee darzustellen, sondern zeigt auch den Weg auf, wie man das Ideal erreichen kann, nämlich mit der Religion der sozialistischen Gesellschaft: dem Wissen im ausschließlich naturwissenschaftlich-aufklärerischen Sinne.

Brêzan führt selbst aus, daß für ihn „Krabat das Produkt der Phantasie eines unterdrückten Volkes ist, das seine Knechtschaft eben als eine kollektive begriffen hat und ahnt, daß sie gebrochen werden kann und daß die physische Befreiung die geistige voraussetzt: daß man wissen muß, um frei zu sein. Und daß dem Wissen die Tat folgen muß: Ihm ebenbürtig geworden an Wissen, erschlägt – in der Sage – Krabat den Zauberer." (Marie-Luise Ehrhardt: „Die Krabat-Sage – Quellenkundliche Untersuchung zu Überlieferung und Wirkung eines literarischen Stoffes aus der Lausitz", S.83.)

Es ist klar, daß von diesem Leitgedanken aus der Müller, der Krabat in seine Mühle lockt, die Rolle des Bösen, des Unterdrückers, einnimmt. Er behält seine teuflische Rolle. Deswegen bleibt es auch eine Teufelsmühle, die Brêzan als „Schwarze Mühle" bezeichnet. Sie ist ein dunkler Ort, aus dem Unheil kommt, in einer finsteren Gegend. (Die „Schwarze Mühle" liegt im „Schwarzen Wald", an der „Schwarzen Kolm".) Und nur wenn man das Licht der Erkenntnis in diese Schwärze bringt, kann das Böse bezwungen werden.

Beachtenswert ist dabei, daß gerade „das Böse" das Wissen besitzt. Doch führt das bei Brêzan nicht zu der Einsicht, daß das Dunkle benötigt wird, um zur lichten Höhe der Erkenntnis zu gelangen; daß es also darauf ankommt, „das Böse" zu bändigen und nicht versucht wird, es zu vernichten. Letzteres würde in logischer Konsequenz die gleichzeitige Auslöschung „des Guten" bedeuten.

Der Verfasser der „Schwarzen Mühle" sieht im Bösen nur jene Macht, die das Wissen zum ausschließlichen Eigennutz gebraucht. Der Müller bereichert sich an der Arbeit seiner Knechte, denn ihre Schweißtropfen werden zu Gold. Jedoch ist die Selbstsucht des Müllers nötig, damit sich „das Böse" im Dasein verankert. Nur wenn das geschieht, ist es möglich, daß Krabat als Gegenprinzip wirken und sein Wissen vielen Menschen dienen kann.

Die Ausgestaltung der Figur Krabats in Brêzans Erzählung orientiert sich also auch am sozialistischen Ideal. Der Krabat der „Schwarzen Mühle" kommt deshalb zu ähnlichen Einsichten wie der in Nowak-Neumanns Geschichte. In beiden Bearbeitungen wird zum Beispiel die Fähigkeit des Zauberns als unnützes Spiel verworfen. Brêzans Krabat verbrennt nach dem „Brudermord" das Zauberbuch. „‚Markus kam um, weil er den Zauber lernte'" begründet Krabat seine Tat. „‚Es ist Zeit, den Zauber zu verbrennen.' [...] ‚Der Müller braucht den Zauber [...] Es ist Brimborium [unwesentliches Geschwätz, unnötiges Drum und Dran]. Es macht ehrfürchtig und demütig. Es lähmt und macht blind.'" (Jurij Brêzan: „Die schwarze Mühle", S. 74.)

Etwas anderes muß dem Müller entgegengehalten werden, ein andersgeartetes Wissen, das alle Menschen nachvollziehen können, das sich als hell strahlende Wahrheit präsentiert und nicht im verborgenen liegt, wo es eventuell nur Einzelnen die Erleuchtung bringt. Das heißt, es widerspricht dem Gleichheitsprinzip, daß nur Einzelne Gelehrsamkeit besitzen, und es steht dem allgemein menschlichen Streben nach Allwissenheit im Wege, das gerade in der sozialistischen Ideenwelt einen entscheidenden Platz einnahm. Alles mußte entschlüsselt werden, daß es zum Nutzen der Menschen entwickelt werden konnte, und was undurchschaubar war, wurde verbannt, damit es nicht in einer anderen Weise Verwendung fand. Ein im Kerker einer Ideologie gefangenes Denken fragt beim Gewahren von Unerwartetem, das vielleicht die eigene Wahrheit ins Wanken bringen könnte, selten, wie das möglich ist, sondern schiebt es oft einfach beiseite, um die Gewißheit seiner darauffolgenden Handlungsweise nicht in Zweifel ziehen zu müssen. Die Theoretiker des Sozialismus beispielsweise glaubten, menschliche Eigenschaften wie Neid und Besitzgier durch gesellschaftliche Veränderungen zu beseitigen. Als die Praxis zeigte, daß die Änderung der Eigentumsverhältnisse dies keineswegs bewirkte, wurde diese Thematik einfach unterbelichtet.

Unter anderem deswegen verbrannte Krabat das Zauberbuch in Brêzans Erzählung. Das neue Licht der Wahrheit durfte keine Kenntnisse von der alten Weisheit besitzen, weil diese sich manchmal nur in der Form im Dasein offenbarte, daß lediglich „das Böse" einen Nutzen daraus zog.

Die eben dargelegten Einschränkungen der Wissensaneignung in Jurij Brêzans Ausgestaltung der Sagengestalt Krabats bedeutet gleichzeitig eine Verengung des Lebenshorizontes. Die Schwierigkeiten, die daraus für die dichterische Arbeit entstehen, konnte Brêzan in seinem Buch „Die schwarze Mühle" durch eine konsequente, am Sagenstoff sich orientierende Erzählweise ausgleichen.

In seinem acht Jahre später erschienenen Roman „Krabat oder Die Verwandlung der Welt" ist es genau diese Beschränkung, daß Wissen nur dem Guten dienen kann, die Brêzans Versuch, der Krabat-Sage eine größtmögliche Universalität zu geben, in eine Sackgasse führt. Der gegenwärtige Krabat in diesem Roman in Gestalt des Genetikers Jan Serbin, der nicht nur die Möglichkeit der begrenzten Einflußnahme auf bestimmte zentrale Gene, sondern auch den gezielten Eingriff in das menschliche Wesen überhaupt entdeckte, schreckt vor seiner Schöpferkraft zurück, als er seine Entdeckung unter der Perspektive des kriegerisch ausgerichteten Menschen sieht, dessen humane Kraft oft genug schwächer ist als das Bestreben, besser und vor allem wohlhabender zu leben als sein Nachbar. Zwar gibt Brêzan seine Grundaussage aus der „Schwarzen Mühle" auf, daß wahrhaftiges Wissen Macht für das Gute ist, aber nur, weil er einsieht, daß jede Erkenntnis auch dem sogenannten Bösen dienen kann.

Damit war sein Bemühen, die Sagengestalt Krabats als einen Hoffnungsträger für die Zukunft zu gestalten, gescheitert. Es offenbart die Größe und Rechtschaffenheit des Künstlers Jurij Brêzan, daß er diesen Versuch reichlich 25 Jahre nach Herausgabe des Romans öffentlich, nämlich in der Fernsehsendung „Riverboat", als mißlungen eingestand.

Von der literarischen Perspektive aus gesehen ist das besonders bedauerlich, weil Jurij Brêzan mit diesem Roman eine stilistische Glanzleistung gelang, indem er ein solch komplexes Thema wie die Einbindung eines Sagenstoffes in die heutige Zeit, die sofort alle fixen Kategorien wie Raum, Zeit und den Bezug der handelnden Personen zu ihnen ins Wanken bringt, trotzdem in eine einfache und gleichzeitig prägnante Sprache faßte. Im Taumel durch die verschiedenen Zeitformen und -dimensionen verliert der Leser in diesem Roman keinen Augenblick die Orientierung und wird zudem in ganz diskreter Weise intellektuell angeregt. Eine solch gelungene Umsetzung vielschichtiger Lebenskomplexe in eine zugängliche Sprache gelingt nur wenigen. Ich möchte sogar sagen, daß es trotz der geistigen Schwere des Inhaltes eine fast „leichtfüßige" sprachliche Ausdrucksweise ist, die Brězan findet. Er erreicht auf diesem Gebiet mit seinem „Krabat-Roman" fast das einzigartige Niveau von Christa Wolfs Meisterwerk „Kindheitsmuster".

Die Frage, warum Jurij Brězans Entwurf letztlich fehlschlagen mußte, kann vielleicht Otfried Preußler beantworten, denn auch er kapitulierte zunächst an seinem Vorhaben, der „Krabat-Sage" ein neues Gewand zu geben, das der gegenwärtigen Auffassungsweise entsprach. Preußler berichtet selbst: „Ich begann um die Jahreswende 1959/60 mit der Arbeit am ‚Krabat', kam zunächst gut voran, mußte jedoch, nachdem ich die Hälfte der Geschichte niedergeschrieben hatte, zu meiner Bestürzung feststellen, daß an meinem Konzept offenbar etwas nicht stimmte. Was es war, konnte ich mir zunächst nicht erklären. Ich mußte die Arbeit einstellen, hielt den ‚Krabat' für gescheitert ..." (Otfried Preußler: „Krabat", S. 291.)

Doch eröffnete sich ihm später die Ursache seines Scheiterns: „Das Kernstück des ‚Krabat' (seine Lehrzeit auf der Mühle und die sich auf Tod und Leben zuspitzende Auseinandersetzung mit dem Meister), ein Sujet, das als Märchen- und Sagenstoff weit verbreitet ist, scheint auf sehr alte Motive zurückzugehen, es hat etwas Mythisch-Archaisches und zugleich Zeitloses an sich ..." (Otfried Preußler: „Krabat", S. 291 f.)

Letzterer Umstand ist wohl ein Grund, warum Brězan mit seinen gegenwartsnahen Krabatgestalten gerade an den heutigen Daseinsanforderungen scheitern mußte.

Eine direkte Übertragung der historischen Sagengestalt in das Jetzt und Hier nimmt nicht genug Rücksicht auf die Gegebenheit, daß der Gegenwartsmensch dem Zivilisationsleben mit ganz anderen seelischen Voraussetzungen begegnet, und zudem unser Bewußtsein eine von früheren Jahrhunderten unterschiedene Perspektive auf die Geschehnisse in der Welt hat.

Wenn also eine literarische Bearbeitung eine Modernisierung anstrebt, so darf dabei zwar das äußere Erscheinungsbild eine Veränderung erfahren, jedoch die eigentliche Kernaussage der Vorlage muß ohne Einbuße erhalten bleiben.

Genau das beachtet Otfried Preußler bei seinem Krabat. Er ließ sich nicht auf das „Abenteuer" ein, der Sage eine neue, gegenwartsnahe Umgebung zu geben, im Gegenteil, er erweiterte die Aussagen der Krabat-Sage noch wesentlich, indem er die Arbeitsgänge und die Gepflogenheiten, die in einer mittelalterlichen Mühle abliefen, direkt in seine Geschichte einarbeitete. Das ist deswegen eine Erweiterung, weil das Mahlen von Getreide nicht allein eine handwerkliche Tätigkeit ist, sondern zugleich Sinnbild vieler seelischer Einsichten.

Kurzum, Preußler beläßt seinen Roman in einem der Krabat-Sage durchaus entsprechenden geschichtlichen Rahmen, ohne eine allzu genaue historische Einbindung. Die dargestellte Persönlichkeitsreifung des Haupthelden spricht ungeachtet dessen trotzdem die jungen Menschen von heute an, weil es in Preußlers Roman auch um seelische Veränderungen geht, die ein Jugendlicher während des Heranreifens zum Erwachsensein erfährt. Gerade während dieser Zeit bekommt der Heranwachsende eine Ahnung davon, daß nicht alle individuellen Prozesse in der Realität ihre Ursache haben, es vielmehr noch ganz andersgeartete Phänomene gibt. Ich bezeichne dies als Erfahrung von anderen Wirklichkeitsebenen, die insbesondere beim Erlebnis der ersten ernsthaften Liebe, die den Geborgenheitsbezirk der Familie sprengt, in vorher noch nicht gekannter Vielfalt erlebt wird.

In diesem Sinne könnte Preußlers Roman „Krabat" auch als ein Entwicklungsroman aufgefaßt werden. Die Reifung des Haupthelden, die sich äußerlich darstellt durch die Wandlung des Lehrjungen zum Gesellen, mündet nicht in die direkte Vernichtung eines als schlecht empfundenen Lebens in der Mühle, sondern findet ihr Finale im Erlangen einer anderen Lebensdimension, der sorgenden und aufopfernden Liebe zu Kantorka, die ihm einen versöhnten Blick auf die überwundene Daseinsform gewährt.

Freilich, das Wesen des Lebens, das polare Kreisen zwischen Entstehen und Vergehen, das sich in der Koselbruchmühle in gesteigerter Intensität zeigt, hat sich dadurch nicht geändert, aber es präsentiert sich am Schluß dem liebenden Krabat in einer Art, die seinem Entwicklungssprung Rechnung trägt und nun seine Existenz genauso ausfüllt, wie es vordem seine frühere Lebensweise tat.

Mit dieser Grundaussage gab Preußler der Krabat-Sage eine zusätzliche Bereicherung, die selbst für das moderne Leben richtungweisend sein kann. Er sorgt letztlich mit seiner literarischen Bearbeitung auch dafür, daß die Sagengestalt des „Krabat" weiterhin in uns wirkt.

Märchenhaftes

„Die kleine Seejungfrau": ein Märchen im ursprünglichen Sinne?

(Erstmals veröffentlicht in: „Märchenspiegel 2/00", S. 71-74.)

Dieser Aufsatz ist Heino Gehrts verpflichtet, einem der bedeutendsten und tiefsinnigsten Märchen- und Mythenforscher in Deutschland, der im Oktober 1998 verstarb.

Hans Christian Andersen schrieb 1836 „Die kleine Seejungfrau", eine märchenhafte Dichtung, die sich von vielen anderen Märchen dadurch unterscheidet, daß sie ein trauriges Ende hat.

Vielleicht fand darum die Thematik der Geschichte eine weitverbreitete Bearbeitung, man denke nur an die inhaltlich artverwandten Opern „Rusalka" von Antonin Dvoràk und „Sadko" von Nicolaj Rimskij-Korssakow am Ende des 19. Jahrhunderts oder die tschechische Filmadaption unter dem Titel „Die kleine Meerjungfrau" knapp einhundert Jahre später, die sich von allen Filmdarstellungen dieser Geschichte am konsequentesten an die Vorlage von Andersen hält. In allen drei Fällen wurde das tragische Element des Stoffes erhalten. Es fand keine Umänderung in ein versöhnliches Ende statt, wie es in heutiger Zeit oft geschieht. Aus diesem Umstand könnte nun der Schluß gezogen werden, daß bei dem Geschehen um „Die kleine Seejungfrau" das dramatische Ende zum Wesen der Handlung gehört, das sich zwangsläufig aus dem Inhalt ergibt.

Gleichzeitig erhebt sich die Frage, was uns diese Geschichte eigentlich mitteilen will und inwiefern sie für unsere gegenwärtige Situation noch Bedeutung hat. Nur wenn es uns gelingt, eine sinnvolle Erklärung des Gehaltes der Erzählung von der „Kleinen Seejungfrau" zu geben, können wir entscheiden, ob es sich um eine Geschichte mit Charakteristiken des Märchens handelt, die somit ein ähnliches seelisches Bedürfnis befriedigt, wie es „klassische" Märchen bei vielen Kindern tun, die mit dem Erleben des Märchenerzählens aufwachsen.

Der Beginn der Erzählung

Andersen führt uns mit der Geschichte, die die Erlebnisse einer kleinen Seejungfrau beschreibt, welche eigentlich eine Meerjungfrau ist, in das Reich des Meervolkes, wo die kleine Nixe als jüngste Tochter des Meerkönigs ihre Heimat hat. Die Beschreibung dieses Königreiches vermittelt äußerlich ein exotisches Bild, jedoch das Zusammenleben der Meerbewohner spiegelt das Miteinander der Landbewohner wieder. Wie auf dem an das Meer angrenzenden Land herrscht auch in den Tiefen des Gewässers ein König, und die Anschauungen und die Lebensweise des Meervolkes weisen, soweit die spärlichen Hinweise in der Erzählung Auskunft geben, weitgehende Identität mit der Landbevölkerung auf. Die andere Welt des Landes, mit ihren verschiedenartigen Bildern, übt auf das Meervolk eine anziehende Wirkung aus. So gibt es für die jüngste Tochter des Meerkönigs keine größere Freude, als von der Menschenwelt zu hören, die sie erst ab ihrem fünfzehnten Lebensjahr erblicken darf. Sie kann ihre Neugierde nur durch Berichte der Großmutter und der älteren Schwestern, die diese Altersstufe schon überschritten haben, befriedigen. Dadurch wird die Sehnsucht noch intensiver.

Die kleine Seejungfrau wird als ein seltsames Kind geschildert, das still und versonnen ist. Die Welt der Menschen fasziniert sie über alle Maßen, so daß ihr Drang, sie kennenzulernen, gegenüber ihren Geschwistern wesentlich größer ist. Bei ihnen wandelte sich das anfängliche Entzücken über das Neue und Schöne, das sich ihnen oberhalb des Wassers zeigte, schnell in ein Heimweh nach der Meerestiefe um, zumal der Reiz des Unbekannten durch die Erlaubnis, die obere Welt nach dem fünfzehnten Lebensjahr jederzeit besuchen zu können, verloren ging. Bei der kleinen Seejungfrau wird diese Rückwendung zu den heimischen Quellen nicht eintreten, denn sie betrachtet nicht nur die andere Welt, sondern tritt mit ihr in Berührung, mit der einzigen Möglichkeitsform: der Liebe.

Als sie zu ihrem fünfzehnten Geburtstag an der Wasseroberfläche auftaucht, fährt gerade ein Schiff vorbei, auf dem der Geburtstag des Prinzen des Landes gefeiert wird. In diesen verliebt sich die kleine Nixe, nachdem sie ihm in die großen schwarzen Augen geschaut hat. Das liebende Gefühl, das in ihr entsteht, erfährt dann seinen deutlichsten

Ausdruck, indem sie den Prinzen vor dem Ertrinken rettet, als das Schiff, kurz nachdem sie ihn das erste Mal sah, kentert. Aber sie kann sich dem Prinzen nicht als Lebensretterin zeigen, da bei seinem Erwachen einige junge Mädchen an den Strand kommen und die kleine Seejungfrau aufs Meer flüchten muß, damit sie nicht gesehen wird. Ein junges Mädchen tritt an den Prinzen heran, als das Leben in ihn zurückkehrt. Er nimmt nun an, daß ihn das Erdenmädchen, das er beim Erwachen sieht, vor dem Tod bewahrte.

Der Übergang in eine andere Welt

Daß es in der Wirklichkeit, in der der Mensch existiert, mehrere Welten gibt (wir würden heute von Wirklichkeitsebenen sprechen), ist eine Grundaussage jedes Märchens. Heino Gehrts hat nun in seinen Untersuchungen nachgewiesen, daß die Märchen Ergebnisse des Wissens der Menschen der frühen Kulturen (der schamanischen und rituellen Epoche) sind. Die Vertreter dieser Kulturen kannten nicht nur unterschiedliche Welten, sie hatten auch das Bedürfnis, mit den anderen Welten Kontakt aufzunehmen, mit ihnen zu verschmelzen. Wie schon erwähnt, ist die Liebe ein vorrangiges Mittel dafür. Indessen dürfen wir diese Liebe nicht verwechseln mit der sentimentalen Auffassung von dem Phänomen der liebenden Zuneigung, der die meisten Menschen des zwanzigsten Jahrhunderts erliegen. Denn der wirkliche Gehalt der Liebe ist einerseits durch das Gefühl der Hingabe und gleichzeitig durch die einschränkungslose Annahme des Geliebten charakterisiert.

Das würde zum Beispiel bei der liebenden Begegnung von Mann und Frau bedeuten, daß die Liebenden beim anderen nicht nur das verehren, was sie sich vor der Begegnung über den Menschen, den sie lieben könnten, ausmalten, sondern ihn einfach annehmen, wie er sich augenblicklich offenbart, mit seinen Stärken und Schwächen, Vorzügen und Nachteilen, mit den Charaktereigenschaften, die den anderen Partner (in seiner Entwicklung) vorantreiben, wie mit denen, die ihn hemmen. In der wirklichen Liebe gibt es die Kriterien von persönlichem Vorteil oder Nachteil gar nicht. Vielmehr ist der „Gegenstand" der Liebe ein seelisches Bild, das den vollständigen Eindruck von dem gibt, was das eigene Begehren auslöst.

Daß wir in der Gegenwart zu einer solchen Liebe kaum noch in der Lage sind, beweisen die Bedingungen, die wir an die heutige Liebe stellen. Dabei ist nicht allein die liebende Zuneigung zum geschlechtlichen Partner gemeint, obwohl sie ebenfalls nicht selten nur unter immer mehr, scheinbar unabänderlichen, Voraussetzungen ihre Verwirklichung findet. (Der Lebenspartner sollte ein eigenes sicheres materielles Auskommen haben, zudem Intelligenz und Witz besitzen und vielleicht sogar dem allgemeingültigen Schönheitsideal entsprechen usw.) Auch alle anderen Formen der Liebe unterliegen einem Erwartungsdruck. Der Zivilisationsmensch liebt beispielsweise die Erde nur, wenn sie sein Leben erhält; der Werktätige schätzt seine Arbeit meistens erst dann, wenn sie ein ausreichendes Einkommen schafft, das einen relativen Luxus gewährt; und die ausgewachsenen Kinder halten heutzutage oft genug zu ihren Eltern lediglich dann einen auf Achtung beruhenden Kontakt aufrecht, wenn sie einschätzen, daß deren Erziehung nicht allzusehr abweicht von den aktuellen pädagogischen Einsichten und Richtlinien. Die Palette der Beispiele könnte beliebig erweitert werden. Der Mensch liebt heute nur noch unter einem bestimmten Blickwinkel, das heißt, er nimmt einen Standpunkt ein, der ganz bestimmte Erwartungen und Wünsche an den „Gegenstand" der Liebe stellt, die dieser dann in der Realität erfüllen muß. Aber die wirkliche „Liebe ist nicht Parteiergreifung für (etwas), sondern sie liebt. Sie ist dem, was ist, fühlend verbunden und läßt die fühlende Verbindung auch dann nicht abreißen, wenn das, was ist, schmerzlich wird. Auch das Leiden unter dem Sosein der Wirklichkeit oder das Erschrecken über sie sind Weisen" der Liebe. „Wir leben freilich in einer Zeit, wo die Lieblosigkeit der herrschende Zeitgeist ist [...]. Der Geist der Zeit ist einer des Protestes, des Zorns, der Wut, der Forderungen, der Bemängelungen. An die Stelle des fühlenden Bezuges zur Wirklichkeit ist der ‚juristische' und Macht-, das heißt der ‚politische' Bezug zu ihr getreten, eigentlich also ein Un-Bezug, insofern das Pochen auf dem ‚Recht auf ...' und das Durchsetzenwollen des eigenen Willens autistisch sind, wie ja auch die Psychologie des einzelnen in Ehen und anderen Beziehungen das Aussteigen aus dem Fühlen in den Machtkomplex und das Recht-haben-Wollen mit großer Regelmäßigkeit dann beobachtet werden kann, wenn das Fühlen schmerzhaft wird." (Wolfgang Giegerich: „Die Atombombe als seelische Wirklichkeit", S. 94.)

Finden wir solche Forderungen an die Liebe auch in Andersens Erzählung? Der Wunsch der jungen Meerprinzessin, dem Menschen ähnlich zu werden, indem sie die Schwimmflossen gegen Beine austauschen will, ist nicht als Anspruch an die Liebe anzusehen, vielmehr zeigt er das Verlangen des jungen Mädchens, sich dem Prinzen auf dem Lande zu nähern. Die Veränderung der unteren Körperhälfte der Prinzessin drückt vielmehr eine Verwandlung aus, und sie ist eine Grundbedingung für denjenigen, der in eine andere Welt dringen will. Die meisten Menschen erleben eine solche Wandlung in ihrem Leben nur zweimal. Zuerst bei der Geburt (konkret bei der Erzeugung), also dem Wechsel von der Vorlebenswelt in die Lebenswelt, und dann bei der Reise ins sogenannte Totenreich, das jedes Lebewesen nur sterbend erreicht. Das klingt eigentlich trivial und bräuchte wohl gar nicht erwähnt zu werden, wird aber allzugern vergessen bei der Betrachtung von Lebensphänomenen, die die ausschließlich rationale Anschauung übersteigen.

Um den gewollten Wechsel in andere Wirklichkeitsebenen durchzuführen, bedarf es vorher der Initiation, um die Reife für die Ausführung zu erlangen. In der Erzählung, die wir hier untersuchen, spielt sich diese bei der Meerhexe ab.

Die Meerhexe verlangt für die Verwandlung der kleinen Seejungfrau ihre Stimme. Vordergründig erscheint das als ein Geschäft. Gehen wir aber von einer Initiation aus, müssen wir es eher als eine Art Opferung verstehen. Die Meerprinzessin soll ihren bisher wertvollsten Besitz hergeben für das, was sie nun für das Kostbarste hält. Daß wir die Handlung bei der Meerhexe als rituelles Geschehen ansehen können, zeigt die Äußerung der Hexe: „Morgen, wenn die Sonne aufgeht, könnte ich dir nicht helfen, bis wieder ein Jahr herum wäre." (Hans Christian Andersen: „Märchen und Geschichten", S. 55.) Die zauberische Handlung ist also an einen ganz bestimmten Zeitpunkt im Jahresablauf gebunden, was typisch ist für Rituale jeder Art (man denke nur an die heute noch begangenen Feste der christlichen Religion wie Weihnachten, Ostern usw.).

Der stattfindende Übergang von einer Welt in die andere ist nicht etwa ein leichtes Spiel. Wie beim Menschen, der den Weg ins Totenreich antreten muß, hat die kleine Seejungfrau den Verlust ihrer bisherigen Lebenswelt zu verkraften, denn sie kann, nachdem sie die Erde der Menschen betreten hat, nie mehr ins Meerreich zurückkehren. Nun könnte man in Bezug auf die schamanische Kultur einwenden, daß zum Beispiel der Schamane von seinen Seelenreisen zurückkam. Jedoch kehrte er, nachdem er seine erste Fahrt in eine andere Welt unternommen hatte, als ein anderer Mensch zurück, für ihn präsentierte sich die Welt nie mehr so, wie sie für ihn ursprünglich war, sein sogenanntes gewöhnliches Leben war gestorben, unwiederbringlich verloren.

Das vermittelt auch Andersens Erzählung. Sobald die kleine Seejungfrau sich für den Weg aus dem Meer entschieden hat, bleibt ihr keine Wahl mehr, entweder sie wird mit ihrem Geliebten glücklich, oder sie muß ins Elementarische, zu Meerschaum vergehen. Eine solche endgültige Entscheidung muß freilich jedes liebende Paar treffen, wenn es sich für ein gemeinsames Leben binden will. Die ursprüngliche häusliche Heimat wird dann verlassen, um eine neue zu gründen. Das geschieht selbst dann, wenn der bisherige Wohnort nicht verlassen wird, weil sich trotzdem der Bezug der Liebenden zum Rest der Familie fundamental ändert. Mißlingt der Versuch, eine neue Geborgenheit zu finden, und die Gescheiterten kehren danach in das Elternhaus zurück, spüren sie keineswegs mehr die Atmosphäre, die sie in ihren Erinnerungen an die Kindheit und Jugendzeit aufbewahrt hatten.

Die Entscheidung der kleinen Seejungfrau wäre jedoch zu alltäglich, wenn sie nur aus einer bloßen Entsagung ihrer bisherigen Lebensart bestände. Ihre Liebe wird auf einen tatsächlichen Prüfstand gestellt, indem ihr die kommende Lebensweise als etwas ganz und gar nicht Paradiesisches geschildert wird. Ganz abgesehen davon, daß sie sich der Liebe des Prinzen nicht gewiß sein kann, bleiben die Folgen der Verwandlung schmerzvoll, denn jeden Schritt, den sie auf die Erde setzt, wird sie fühlen, als wenn sie auf scharfe Messer tritt. Doch sie ist bereit dazu, alle Marter auf sich zu nehmen, ihre Sehnsucht ist schmerzvoller als das zu erwartende Leid.

Das Verhängnis der Sprachlosigkeit

Entscheidend für den Fortgang der Erzählung von der „Kleinen Seejungfrau" bleibt, daß die Meerprinzessin ihre Stimme verliert, sobald sie das Land in Menschengestalt betritt. Gerade diese Konstellation ist bei der Beurteilung der Geschehnisse nicht ernst genug zu nehmen, stellt doch die Sprache das wesentlichste Merkmal der Gattung Mensch dar. Sie ist die Grundlage für den Menschen, sein geistiges Potential zu nutzen. Nur mit ihr kann sich der Geistträger von dem unterscheiden, was er Welt oder Natur nennt.

Die kleine Seejungfrau gleicht sich also in ihrer körperlichen Erscheinung dem Menschen an, sie kann anmutig laufen und tanzen, obwohl sie Schmerzen verspürt, sie ist für den Betrachter sogar von bezaubernder Schönheit, aber sie kann dem Menschen nicht gleich werden, da sie keine artikulierte Sprache besitzt. Ihre Sprache bleibt im Inneren verborgen, sie vermag nur mit sich selbst zu kommunizieren, womit zu erkennen ist, daß sie ebenfalls ein geistiges Wesen ist.

Auf unseren vorhergehenden Gedankengang zurückgreifend, können wir jetzt präziser formulieren, daß die Berührung verschiedener Wirklichkeitsebenen nur gelingen kann, wenn beide Seiten den „Willen" aufbringen (vielleicht treffender formuliert: das Bedürfnis haben), sich anzunähern (anders ausgedrückt: sich anzupassen). Für den Prinzen erwächst im Lauf des Geschehens nun die Forderung, auf die Liebe der Meerprinzessin zu antworten, die sie ihm durch die schöne Gestalt, den schwebenden Gang und die sprechenden Augen entgegenbringt.

Jedoch, das Schicksal war bereits vor dem Entschluß der kleinen Seejungfrau, in die Menschenwelt zu gehen, gegen sie bestimmt, denn der Prinz, ein realitätsverbundener Mensch, hat schon sein Herz an das Mädchen verloren, das ihn am Strand gefunden hatte. Für ihn gibt es keine wundersamen Wesen, die ihn dem Untergang entreißen können. Nach seiner Meinung vermag nur eine menschliche Tat sein Leben zu retten, genauso, wie er glaubt, die kleine Seejungfrau in Sicherheit bringen zu müssen, als er sie, nach ihrer Verwandlung in ein menschenähnliches Wesen, am selben Strand entdeckt. Nur entspringt in ihm aus letzterem Ereignis keine Liebe zur Meerprinzessin. All die Pracht ihres Aussehens, ihre beständige Nähe und die dem Prinzen zugeneigte Anmut kann in ihm lediglich Sympathie hervorrufen, es bleibt die kann in ihm lediglich Sympathie hervorrufen, es bleibt die Fremdheit zwischen beiden. „Ja du bist mir die liebste", sagt der Prinz einmal zur Meerprinzessin, „denn du hast das beste Herz von allen. Du bist mir am meisten ergeben, und du gleichst einem Mädchen, das ich einmal sah ...[Sie] fand mich am Ufer und rettete mein Leben ... Sie wäre die einzige, die ich in dieser Welt lieben könnte." (Hans Christian Andersen: „Märchen und Geschichten", S. 59 f.)

Das gesprochene Wort brächte Aufklärung. Doch hätte der Prinz die Meerprinzessin verstanden? Sie wäre nur in der Lage gewesen, eine phantastische Geschichte zu erzählen, von anderen Wirklichkeiten, an die seine Sprache nicht heranreicht. Es darf also geschlossen werden, daß der Verlust der Stimme der kleinen Seejungfrau auch ein künstlerisches Darstellungsmittel ist, denn selbst mit einer vernehmlichen Stimme hätte der Prinz sie wohl nicht verstanden. Die eindrucksvollsten Worte, die schönsten Beschreibungen, welche die innigen Gefühle offenbaren würden, die in der kleinen Seejungfrau brodeln, wären in ihrer ganzen Dimension vom Prinzen nicht erfaßt worden. Vielleicht hätte sich der Prinz von der sprechenden Meerprinzessin durch ihre ungewöhnlichen Erzählungen angezogen gefühlt, jedoch die erstaunte Faszination im Vernehmen wäre ausgeblieben. Das Drama der Lebensgeschichte der kleinen Seejungfrau muß also seinen folgerichtigen Abschluß finden. Der Prinz heiratet das Mädchen, das ihn damals am Strand als erstes entdeckte und das er deshalb als seine Lebensretterin ansieht, und gleichzeitig erwartet er von der kleinen Seejungfrau, daß sie mit ihm glücklich ist. Er bemerkt nicht, daß der Meerprinzessin bei seinem Ausspruch: „Du wirst dich über mein Glück freuen, denn du meinst es von allen am besten mit mir!" (ebenda S. 62) fast schon das Herz bricht.

Der im negativen Sinne märchenhafte Schluß

Die Erzählung Andersens trägt selbst beim traurigen Ende, wo die kleine Seejungfrau sich in Meerschaum auflöst, märchenhafte Züge. Freilich im umgekehrten Sinne, denn in vielen Märchen erlangt nur derjenige Held die Königsbraut, der entweder selbst in einer anderen Welt war oder von dort zumindest Hilfe erfuhr (als Darstellungsmittel dienen dafür oft Tiere, aber auch menschenähnliche Gestalten mit Zauberkraft). Da der Prinz diese Fähigkeit nicht erwirbt, er das Andere höchstens akzeptiert, aber nicht liebt (also keine wirkliche Beziehung zum Fremden erlangt), erreicht er bei seiner Hochzeit einen geringen, weil nur einen gewöhnlichen menschlichen Lebensgewinn. Die Vermählung spielt in der Erzählung auch bloß eine Nebenrolle. In erster Linie wird das Schicksal der kleinen Seejungfrau weiter verfolgt, das schließlich wesentlich interessanter ist, denn die Meerprinzessin bekommt noch einmal die Möglichkeit, sich zu retten. Das ist erneut einzig und allein durch eine Opferung möglich. Die Schwestern der kleinen Seejungfrau opfern der Hexe, die bei der Meerprinzessin die Verwandlung vollzogen hat, ihr Haar. Diese gibt ihnen ein Messer, das sie der kleinen Nixe bringen, in jener Nacht, die mit dem Vergehen der Meerprinzessin in Meerschaum enden soll. Wenn die kleine Seejungfrau das Messer in das Herz des Prinzen sticht und das Blut ihre Füße berührt, verwandeln sich ihre Beine wieder in einen Fischschwanz, und sie wäre gerettet.

Obwohl sie zunächst gewillt ist, die Tat zu vollführen, hindert sie die menschliche Liebe daran. Sie sieht den Prinzen mit seiner Braut im Bett liegen, hört, wie er seine geliebte Frau im Schlaf beim Namen nennt (was man als Ausdruck echter Gefühle ansehen darf, wenn das Spiel der Seele im Traum die Geliebte zum Gegenstand hat) und kann dieses Glück bzw. Leben der Menschen nicht stören. Für sie ist das Leben ohnehin leer und sinnlos geworden, nachdem sie ihr Herz an jemanden verloren hat, der nicht mehr damit anfangen kann, als es wie einen seltenen Fund zu achten.

An dieser Stelle zeigt sich Andersens großes dichterisches Talent, denn er stellt etwas dar, was er noch gar nicht bewußt beachten konnte und auch kein Gegenstand seiner Zeit war, sondern erst heute lehrreich ist, aber trotzdem damals schon gewirkt hat: nämlich, daß die anderen Welten im allgemeinen das menschliche Leben nicht „richten" oder gar „gewollt" stören und somit im Grunde dem Menschen nicht feindlich gegenüber stehen.

Ist Andersens Erzählung ein Märchen?

Wir haben gefragt, ob wir die Erzählung Andersens als ein Märchen bezeichnen können und vermochten in kurzen Anrissen aufzuzeigen, daß das Geschehen tatsächlich wesensähnliche Züge aufweist, die für das Märchen charakteristisch sind. Sie ist beispielsweise wie das Märchen eindimensional, worunter Max Lüthi in seiner Analyse des Volksmärchens versteht, daß diesseitige und jenseitige Gestalten zwar unterschieden werden, aber nebeneinander stehend unbefangen miteinander verkehren. „Der Märchendiesseitige hat nicht das Gefühl, im Jenseitigen einer anderen Dimension zu begegnen." (Max Lüthi: „Das europäische Volksmärchen", S. 12.) Wir haben jedoch in der Geschichte von der „Kleinen Seejungfrau" gesehen, daß eine intensive Begegnung der unterschiedlichen Ebenen nicht stattfindet und deshalb das für ein Märchen untypisch traurige Ende folgerichtig ist. Und in diesem Punkt ist tatsächlich Andersens Geschichte vom Märchen zu trennen, denn eine erlebte „Allverbundenheit [...] darf als Grundmerkmal der Märchenform bezeichnet werden" (ebenda S. 49) und davon kann in dem Geschehen um „Die kleine Seejungfrau" nun keineswegs mehr gesprochen werden. Im Märchen herrscht bei „völliger Unkenntnis über die wirkenden Zusammenhänge [...] größte Sicherheit. Das Fehlen der Überschau beeinträchtigt den Kontakt mit den Wesensmächten nicht. Es ist, wie wenn das Märchen uns versichern wollte: Auch wenn du selbst nicht weißt, woher du kommst und wohin du gehst, nicht weißt, was für Mächte auf dich einwirken und wie sie es tun, nicht weißt, in was für Zusammenhänge du eingebettet bist – du darfst sicher sein, daß du in sinnvollen Zusammenhängen stehst." (Ebenda S. 86) Das, was die Figuren im Märchen „zusammenhält, ist nicht die ‚Gerechtigkeit im Geschehen', sondern die Richtigkeit des Geschehens überhaupt." (Ebenda S. 83)

Bei der Erzählung von der „Kleinen Seejungfrau" wird uns vorgeführt, daß wir die märchenhafte Tiefe unserer Existenz nicht mehr erleben können. So wie das Märchen nach Heino Gehrts durch seine Entgöttlichung eine erste Spaltung des Ritus in ein sinngeschwächtes (wohlgemerkt nicht sinnentleertes) Geschehen bedeutet, so zeigt uns Andersens Geschichte eine vom Glauben völlig befreite Menschenwelt. Ihr fehlt die Überzeugung, daß außermenschliche Phänomene noch eine Wirksamkeit auf die Menschen hätten.

Nun wäre es ein Trugschluß, daraus Lehren in der Art einer Kehrtwendung ziehen zu wollen, hin zu alten Bewußtseinsstufen. Vergangenheit kann nicht für sich allein belebt werden, sie pulsiert in der Gegenwart einzig als Erinnerung und nimmt in dieser Form sogar Einfluß auf die Zukunftsvisionen des Geistträgers, dank der Bewußtseinstätigkeit, die in einem dreidimensionalen Zeitverständnis denkt. Märchen indes sind zeitunabhängig, sie vermitteln Sinnzusammenhänge des menschlichen Lebens und sind deshalb nie vordergründig belehrend. Der Handlungsablauf im Märchen ist lediglich an der Oberfläche eine Entwicklung von einem Anfangszustand zu einem Endzustand, der einen Fortschritt darstellt. In erster Linie vermittelt uns jedes Märchen vielmehr ein Bild. In diesem „stellen die geschilderten Ereignisse nicht Veränderungen im Ablauf der Zeit dar, sondern sind gleichzeitige Aspekte von ein und demselben. Die Erzählung (des Märchens) stellt das in sich komplexe Gesamtbild einer einzelnen Situation oder Seinsmöglichkeit vor uns hin und entfaltet nur im Nacheinander des Erzählens deren verschiedene innere Bezüge. Das würde heißen, daß das Nacheinander nicht inhaltlich-objektiv einen Fortgang von einem Ausgangs- zu einem Endzustand derjenigen Wirklichkeit, von der erzählt wird, wiedergibt, sondern nur den Fortgang des Erzählens von einem ersten zu einem anderen Aspekt ein und derselben Situation, die mit allen Teilen des Märchens immer umkreist, nie überwunden oder verlassen wird." (Wolfgang Giegerich: „Die Atombombe als seelische Wirklichkeit", S. 204.) Mit anderen Worten gesagt, „alle einzelnen Bilder bauen zusammen ein einziges Zustandsbild auf" (ebenda). Und so müssen wir auch den Märchencharakter in Andersens Erzählung betrachten, indem wir sie ausschließlich als eine Darstellung begreifen und nicht nach einer Aufforderung suchen zu einem wie auch immer gearteten Tun.

Der Mensch kann seine gegenwärtige Wirklichkeit nur verstehen, wenn er sie erst einmal annimmt, wie sie ist und sie nicht schon im vorhinein interpretiert, wie er sie gern haben möchte. Wozu letztere Herangehensweise führt, wurde in der Abhandlung an Hand der weitgehenden Unfähigkeit der heutigen Menschen, wirklich zu lieben, kurz angeschnitten.

Heute ist die sogenannte äußere Natur in ihren Einzelheiten für den Menschen tot, sie wird oft nur noch analog zum Takt der computergesteuerten Technik wahrgenommen. So lebt der Mensch der Gegenwart umgeben von einer weitgehend technisch erzeugten Umwelt, die zudem von einem technischen Vernichtungspotential bedroht ist, das die Vorstellungskraft jedes einzelnen bei weitem übersteigt und dessen Wirkung auf das menschliche Leben zum Beispiel bei kriegerischen Auseinandersetzungen längst dem Selbstlauf überlassen werden mußte. Diese Entwicklung der menschlichen Geschichte gilt es aufzunehmen und nicht zu verdammen, erst dann sind tatsächlich fundierte Zukunftsprognosen möglich, die frei sind von verbalen panikartigen Untergangsvisionen und künstlich erzeugten (weil reizvoll wirkenden) apokalyptischen Stimmungen. Erst wenn wir den Sinn in diesem Fortschreiten entdecken, können wir uns ein wahrhaftigeres Urteil über den Weg der Menschheit bilden, doch bedarf es dazu zunächst der vorurteilsfreien schöpferischen Auseinandersetzung mit der erfahrenen Welt.

Grundvoraussetzung dafür ist die Kommunikation. Betrachten wir jedoch die Gegenwart, scheinen die Menschen diese Fähigkeit verloren zu haben. Bezogen sich die ersten Anzeichen der Sprachlosigkeit der Geistträger auf die Kontakte mit der außermenschlichen Natur, wie sie in Andersens Erzählung von der „Kleinen Seejungfrau" dargestellt wurden, so verlernen die Menschen es zunehmend, mit ihresgleichen zu sprechen. Zwar kann sich der Einzelne noch artikulieren, aber er hört dabei oft nur noch sich selbst und nicht die Antwort auf seine Äußerung. Er geht bei der persönlichen Auseinandersetzung mit Hilfe der Sprache zu selten den Umweg über den Gesprächspartner, obwohl er nur über dessen Anerkennung sein eigenes Ich erfährt. Deswegen versteht er mittlerweile in zunehmendem Maße weder den anderen Menschen noch sich selbst. Welchen weiteren Weg diese Entwicklung nehmen könnte, mag sich der Leser selbst ausmalen ...

Das keineswegs märchenhafte Ende der Erzählung

Abschließend sei noch auf einen Umstand aufmerksam gemacht, der in dieser Untersuchung als eine Unterlassung des Verfassers angesehen werden könnte.

Andersen nennt zwei Motive für den Wunsch der kleinen Seejungfrau, auf die Erde als Zweibeiner zu den Menschen zu gelangen: einerseits die Liebe zum Prinzen, andererseits den Wunsch, eine unsterbliche Seele zu erringen, um ein ewiges Dasein zu erlangen. Wie viele übertragene Märchen, so ist auch diese Erzählung der Lebensauffassung ihrer Zeit angepaßt und damit stark an die Religion des Christentums angelehnt, und zwar so, wie sich der christliche Glaube im 19. Jahrhundert äußerte. Daß dabei unauflösliche Widersprüche in der Handlung entstehen, ist verständlich. Allein schon deshalb, weil die Christen nur die Welt der göttlichen Schöpfung, also die sogenannte Realität kennen. Ein Beweis dafür ist, daß die jenseitigen Erscheinungen im christlichen Leben keinen unmittelbaren Kontakt mit dem Diesseits haben.

Weiterhin ist zu beachten, wenn wir die Erzählung von der „Kleinen Seejungfrau" unter dem Aspekt ihres märchenhaften Charakters untersuchen, daß das Märchen, wie wir schon oben mit Heino Gehrts bemerkten, eine entgöttlichte Welt darstellt. Wiewohl das Märchen die Fähigkeit besitzt, religiöse Elemente in sich aufzunehmen (zum Teil wurden sie sogar säkularisiert), ohne ihre ursprüngliche Aussagekraft zu verlieren. Deswegen konnte der Hauch der christlichen Atmosphäre, der Andersens Erzählung umweht, bei der Herausarbeitung der Märchenelemente im Geschehen unberücksichtigt bleiben; wir mußten ihn vielmehr beiseite lassen, um den Sinn der Geschichte nicht aus den Augen zu verlieren.

Das wird am Schluß der Erzählung von der „Kleinen Seejungfrau" noch einmal deutlich. Die dort vermittelte abendländische Moralpredigt wirkt im Verhältnis zum Märchen eher peinlich. Gleichzeitig stellt sie die für die letzten zwei Jahrhunderte in Europa und Amerika charakteristische, christliche Inkonsequenz (ja fast Beliebigkeit der Folgen) dar, indem der kleinen Seejungfrau, nachdem sie sich in Meerschaum aufgelöst hat, noch eine Chance gegeben wird. Denn plötzlich bekommt sie doch noch die Möglichkeit „sich selbst durch gute Taten eine unsterbliche Seele zu schaffen". (Hans Christian Andersen: „Märchen und Geschichten", S. 64.)

Das letztlich versöhnliche Ende der Geschichte von der „Kleinen Seejungfrau", dessen Ursache in der christlichen Umhüllung des Geschehens zu suchen ist, zeigt, daß die abendländische Religion nicht mehr jene

Lebensweisheit kennt, die ausdrückt, daß jedes wirkliche Geschehen endgültig ist, das heißt eben auch, daß das Ende, mag es noch so schrecklich erscheinen, gültig ist. Das Christentum kennt nicht einmal mit der Hölle ein Ende, denn auch die Qualen, die der Sünder dort erleidet, sollen ewig sein, wie die Glückseligkeit in den himmlischen Sphären.

Das Märchen gewährt uns Einsicht in das unwiderrufliche Geschehen, das manchmal schrecklich, mal versöhnlich, oft erlösend, aber immer erhaben erscheint und auch unabänderlich bleibt, wenn der Weg der Geschichte noch einmal von vorn begonnen wird. Vielleicht wirken deshalb die Märchen auf ihre eigentümliche Weise beruhigend.

Bewußtseinsvorgänge im Märchen – ein Denkansatz

(Erstmals veröffentlicht in: „Märchenspiegel 3/00", S. 100-102.)

Ein charakteristisches Merkmal des Märchens ist, daß es von mehreren Welten bzw. Wirklichkeiten berichtet, wobei der Bezugspunkt die menschliche Daseinsweise bleibt.

Man spricht von Wundern, wenn der Mensch in den Märchen seine alltägliche Daseinsweise verläßt oder von außermenschlichen Wesen Hilfe bekommt. Auffallend dabei ist jedoch, daß der „fremde" Ort oder die „fabelhafte" Erscheinung in ihrem Anderssein trotzdem menschliche Züge trägt. Denken wir nur an das Himmelreich bei „Frau Holle", bei dem der Zauber, aus einem Bettzeug Schnee auf die Erde fallen zu lassen, eingebettet ist in das alltägliche Leben wie Äpfel pflücken, Brot backen und den Haushalt führen. Auch das unterirdische Reich wie zum Beispiel im Märchen „Die zertanzten Schuhe" präsentiert sich mit dem Schloß, in dem die zwölf Prinzessinnen mit den Prinzen die für Herrschende allgemein üblichen Lustbarkeiten erleben, eine Kopie der Welt, wie sie diese Menschen im Alltag vorfinden. Trotzdem gelangen in diesem Märchen neben den Prinzessinnen nur geweihte Personen dorthin. Das Hexenhaus im Märchen „Hänsel und Gretel" macht auf die Kinder äußerlich keinen außergewöhnlichen Eindruck, lediglich die Bausubstanz aus Brot und Kuchen erscheint den Hungernden als ein wunderbarer Segen.

Bei den außermenschlichen Wesen im Märchen fällt ebenfalls der menschliche Bezug auf. Die Hexen gleichen alten Frauen, die helfenden Tiere sprechen die menschliche Sprache und selbst die Drachen, gegen die gekämpft wird, weisen zumindest eine annähernde Tierähnlichkeit auf, wie sie der Mensch erlebt, wenngleich in monströser Art.

Gewahrt man die menschlichen Züge in den außermenschlichen Welten, ist man geneigt, an das Verhältnis der alten Griechen zu ihrer Götterwelt zu denken. Auch da standen sich die Menschenwelt und das Reich der Götter gegenüber. Dabei fand eine gegenseitige Spiegelung der Verhaltensweisen statt, so daß einerseits der göttliche Charakter in das Leben hineinragte und andererseits die Götter dadurch menschliche Züge erhielten. Wobei die Götterwelt das Allgemeingültige ausdrückt, das in das konkrete Leben des Menschen eindringt, der wiederum durch seine Reaktion und Handlungsweise darauf die allgemeingültigen Formen (Normen) verändern kann. Obwohl man beide Bewegungsrichtungen nicht in einem einfachen Kausalzusammenhang sehen darf; dazu ist jede Lebenserscheinung viel zu komplex in das vitale Gefüge eingewoben.

Zumindest wird sich für die menschliche Weltbetrachtung immer wieder diese wechselseitige Beziehung von Konkretem und Allgemeinem aufzeigen lassen. Bevorzugt der Mensch in diesem Verhältnis eine Seite bzw. nimmt der Betrachter den Ausgangspunkt entweder ausschließlich von dem Einzelnen (wie es viele in der heutigen Zeit tun) oder nur vom Allgemeinen (hierzu gehört auch die Setzung einer alles umfassenden Ursache, wie zum Beispiel des göttlichen Schöpfers im Christentum), kann er dem Charakter des Denkens nicht gerecht werden. Er überlastet vielmehr die bevorzugte Seite, so daß eine verzerrte Perspektive auf die Wirklichkeit entsteht. Das Ergebnis der einseitigen Anschauungen sind dann meist unauflösbar scheinende Konflikte, entweder mit dem Leben, der Gesellschaft oder Andersdenkenden. Und da man seine aufgebauten Grundlagen nicht kampflos aufgeben will, werden die Standpunkte fundamentiert mit Glaubensgrundsätzen, nach denen sich alle zu richten haben.

Die Geschichte der Menschheit weist viele Blutspuren auf, die ihre Ursache in solchen einseitigen Betrachtungsweisen haben. Der das zwanzigste Jahrhundert beherrschende Konflikt zwischen Sozialismus und Kapitalismus war ein markantes Beispiel dafür. Die weitgehende Ausrichtung des individuellen Lebenswertes nach verfügbaren Geldmitteln ist ein neueres Beispiel, das in nächster Zeit noch an Bedeutung gewinnen wird.

Ebenso wie der Mensch die Lebenspolarität von Leib und Seele, Tag und Nacht, Geburt und Tod usw. durch Bevorzugung einer Erscheinung auseinanderreißt, wird in der Neuzeit das Denken in Kategorien getrennt, ohne daß eine anschließend notwendige Zusammenführung erfolgt, obwohl jeder Teil einer Gesamtheit nur in dieser „sinn-voll" in Erscheinung treten kann. Beachtet der Mensch diese Wechselseitigkeit nicht, so sind die Folgen eine zerstörerische Tätigkeit, weil seine Aktivität dann aus dem Gesamtzusammenhang herausgerissen ist und überwiegend willkürlich erfolgt.

Wenn wir also, um auf den Ausgangspunkt zurückzukommen, in den außermenschlichen Bereichen der Märchen menschliche Züge entdecken, so bleiben sie für den Menschen trotzdem etwas Fremdes. Es gibt in ihnen Elemente, die in der menschlichen Alltagswelt nicht vorkommen und, wie schon gesagt, unter dem Begriff „Wunder" ihre Bezeichnung finden.

Die Frage ist nun, warum sich der Geistträger die sogenannten irrationalen Wirklichkeiten in dieser Art und Weise vorstellt.

Deren tiefgründige Beantwortung erfordert eine detaillierte Ausarbeitung über das Wesen des Bewußtseins, die in diesem Aufsatz nicht ausgeführt werden kann. Darum beschränkt sich der Verfasser auf die eigentlich unerlaubte (weil nicht ausschöpfende) Mitteilungsform der thesenhaften Behauptung, die sich stark an der Auseinandersetzung Bruno Liebrucks mit diesem Thema in seinem Werkkomplex „Sprache und Bewußtsein" orientiert; des weiteren auf die psychologische Fortführung der Gedankenwelt Liebrucks durch Wolfgang Giegerich mit seinen Büchern „Animus-Psychologie" und „Tötung. Gewalt aus der Seele".

Der Mensch erlebt seine Welt in einer Realidealität, was nichts anderes bedeutet, als daß er sein Dasein nur als „Weltbegegnung" erfährt. Das heißt, die vom Menschen festgestellte (definierte) Außenwelt wirkt auf ihn ein, und er antwortet beständig darauf. Wie wir diese Erwiderung zum Beispiel als leiblich-seelische Reaktion gewahren können, hat Ludwig Klages in seiner Ausdruckskunde anhand der Ausdrucksbewegung in hervorragender und umfassender Form dargestellt („Grundlegung der Wissenschaft vom Ausdruck"). Sie gilt aber auch für die Dimensionen des Denkens.

Die Entgegnung auf das Erlebte wirkt nun umgekehrt wieder zurück auf die Welt. Allein schon wegen dieses dialektischen Verhältnisses verbietet sich streng genommen eine radikale Trennung von subjektiver und objektiver Welt, denn eine rein außermenschliche Welt kann der Mensch nicht erleben, sondern sie ist, ähnlich den Wunderwelten im Märchen, vermengt mit unseren Betrachtungen, Standpunkten, unserer Empfänglichkeit und unserem Tun.

Als anschauliches Beispiel für die „Weltbegegnung" des Menschen soll das Phänomen des Wetters herangezogen werden. Ob es regnet, schneit oder die Sonne scheint, ob es kalt ist oder warm, hängt nach wissenschaftlicher Analyse von planetarischen und atmosphärischen Kreisläufen ab. Die Meteorologen können das Wetter mit mathematischer Genauigkeit messen, und doch empfindet jeder einzelne Mensch die jeweils vorherrschende Witterung auf ganz individuelle Weise. Wir sprechen ja schließlich von Kälteempfindlichkeit oder von Leuten, denen starke Hitze nichts ausmacht. Je nach persönlichem Empfinden reagiert jeder Mensch anders auf die vorherrschende Temperatur.

Es gibt Menschen, denen genügen beispielsweise als Raumtemperatur achtzehn Grad Celsius, andere benötigen fünfundzwanzig Grad Celsius, damit sie Behaglichkeit empfinden. Um die entsprechende Temperatur zu erreichen, muß gegebenenfalls dem Raum Wärme zugeführt werden. Damit verändert der Mensch seine Umgebung, das heißt, er begegnet ihren Bedingungen. Aber selbst wenn er nichts dagegen tut, antwortet er auf das Erlebte, indem er die Temperatur im Zimmer als ausreichend einschätzt.

Das Beispiel erscheint erst einmal banal, muß jedoch letztlich in seiner ganzen Dimension gesehen werden. Dem Ausgeliefertsein an die Witterungseinflüsse hat die Menschheit von jeher mit eigenen Handlungen entgegengewirkt. Anfangs barg sich der Mensch in Höhlen, hinzu trat die Feuerstelle. Später waren es Hütten mit einem Herd darin. Und heute sind es überwiegend Heizkörper, die uns vor Kälte schützen. Der Mensch schirmt sich immer umfassender vor den Einflüssen, die von außen auf ihn zukommen, ab. Das Haus bietet nicht nur Schutz vor Kälte, Regen oder intensiver Sonneneinstrahlung, nach der Anbringung von Blitzableitern ist es zum Beispiel auch Schutz vor unberechenbaren Gewittereinschlägen.

Allgemein formuliert bedeutet das, je perfekter der Mensch seine technischen Möglichkeiten nutzt, die ja selbst eine beständige Weiterentwicklung erfahren, desto wirksamer antwortet er auf das Äußere, bis dieses so starke Veränderungen erfährt, daß sie für den Menschen deutlich zu spüren sind. Erscheinungen wie Klimaveränderung oder das Aussterben ganzer Tierarten erfassen unter einem negativen Aspekt die Weltumwandlung. Der ästhetische Blick auf einen vom Menschen angelegten Park oder die Faszination eines Gebäudes, das für den Betrachter seine ganze architektonische Pracht offenbart, sind positive Erfahrungen des Wandels der Welt.

Wir sehen damit, daß uns die Welt, egal von welchem Standpunkt aus wir sie gewahren, unter anderem als eigene Reaktion entgegenkommt. So wie wir auf die Welt, die uns ankommt (genauer: überfällt, denn wir müssen sie annehmen, wir haben keine Wahl), eine Erwiderung geben, genauso antwortet die Welt auf unsere Tätigkeit. Und wie wir bei der Entgegnung versuchen, das Fremde in unser Menschsein zu integrieren, macht das die Welt für sich ebenfalls. Sie kommt uns dementsprechend zum Teil als menschliche Welt entgegen, indem sie unsere Bewegungen in ihre einschließt.

Zusammenfassend können wir also sagen, daß wir die Welt immer nur auf menschliche Art empfangen können. Ansonsten wären wir auch gar nicht in der Lage, sie wahrzunehmen.

Dieser Sachverhalt, der am Beispiel des Wetters erläutert wurde, gilt für alle Lebenserscheinungen. Das hat Hegel in seiner Definition des Schicksalsbegriffes deutlich gemacht: „Die Schicksalskonzeption des jungen Hegel besteht darin, daß in allem, was mir entgegenkommt, mein eigenes Verhalten in eine Antwort verwandelt ist, die zu mir spricht. Das

Schicksal ist weder Katastrophe noch fremd noch blind. Wir sind blind vor dem Schicksal, solange wir nicht durchschauen, daß alles, was geschieht, wir selbst sind [...] Der Mensch wird nicht dadurch frei, daß er seinem Schicksal entflieht, sondern dadurch, daß er weiß, daß er ihm weder durch Flucht noch durch Vorwegnahme noch durch Entgegengehen entgeht." (Bruno Liebrucks: „Sprache und Bewußtsein, Band 3", S. 234.) Bei dieser Definition ist noch der erklärende Hinweis notwendig, daß nicht alles, was geschieht, allein von uns selbst kommt, das Fremde, oder nennen wir es außermenschliche Wirklichkeit, bleibt immer auch Bestandteil der erlebten Welt.

Damit haben wir uns dem Grund genähert, warum die Wunderwelten in Märchen sowohl menschliche als zugleich auch außermenschliche Züge tragen. Wir erfahren in dieser Form unsere Welt und gestalten deswegen auch die Reiche unserer Phantasie in dieser Art. Im Märchen tritt uns diese Vermischung von Menschlichem und Außermenschlichem ganz deutlich entgegen, aber ebenso in der heutigen utopischen Literatur oder der lyrischen Beschreibung der Natur ist sie festzustellen, wenn auch wesentlich mehr verschleiert.

Wir haben bisher herausgearbeitet, daß uns die Welt einerseits menschlich entgegenkommt, andererseits zu einem Teil als etwas Unbekanntes überfällt, was in keiner Weise in die rationale menschliche Betrachtung und damit Handlung aufgelöst werden kann. Das Fremde entzieht sich jeglicher Besitznahme und wird als irrationales oder imaginäres Phänomen charakterisiert. Dieses wird von der Mehrzahl der Zivilisationsmenschen gern aus dem menschlichen Dasein verbannt. Hingegen die Märchen- und Mythenforschung wurde nicht müde, auf die Wirklichkeit der irrationalen Elemente im Leben der Menschen hinzuweisen. In vorchristlichen Zeitaltern hatten sie zum Beispiel einen sehr wichtigen Platz in der Auseinandersetzung des Menschen mit seinem Dasein. Vorzüglich Heino Gehrts hat, neben anderen Ausarbeitungen, in seiner „Untersuchung zum Europäischen Brüdermärchen" nachgewiesen, daß uns das Märchen von anderen Wirklichkeitsebenen berichtet, die auch in früherer Zeit nicht jedem unmittelbar zugänglich waren und uns heute gänzlich verschlossen erscheinen.

Aber das Märchen berichtet uns nicht nur von andersgearteten Welten, sondern lehrt uns, daß der Kontakt mit ihnen sogar zur Lebenssteigerung führt. Voraussetzung dafür ist, daß die Hauptperson, über die berichtet wird, das Leben weitgehend ausschöpft, das heißt, daß sie über die alltäglichen Grenzen menschlicher Erfahrung hinausgelangt. Anhand des Zauberschlafes im Märchen läßt sich das deutlich aufzeigen.

„Es wird im Märchen ganz außerordentlich oft geschlafen, und zwar nicht nur beiläufig zwischen den wachen Tagen, sondern in lebensentscheidenden Situationen ganz verschiedener Art [...] Eine Situation, in der sich der Held absichtlich schlafen legt, obwohl uns das aus mehr als einem Grunde recht unerwartet kommt, ist die des Drachenkämpfers unmittelbar vor dem Kampf. Er legt seinen Kopf der Königstochter, die er zu erlösen vorhat, in den Schoß [...] und fällt in tiefen Schlaf." (Heino Gehrts: „Von der Wirklichkeit der Märchen", S. 99.)

Welche Bewandtnis hat es mit diesem Schlaf vor dem eigentlich ungleichen Kampf? Gibt es einen Sinnzusammenhang zwischen der, unter realem Blickwinkel gesehenen, Ohnmacht (Schwäche) des Helden gegenüber seinem an Fähigkeiten weit überlegenen Gegner und dem Schlaf vor der Auseinandersetzung auf Leben und Tod?

Wir können hier Heino Gehrts' Analyse nicht Schritt für Schritt folgen, wollen wir uns nicht allzuweit von der Thematik unserer Untersuchung entfernen, müssen auch auf die reichhaltigen Belege verzichten, die sein Fazit begründen und offerieren hier nur das Resultat: „Wir dürfen als Ergebnis mithin feststellen, daß der Tiefschlaf des Drachenkämpfers unmittelbar vor dem Erscheinen des Ungeheuers ursprünglich nicht ein bloßes Spannungsmotiv des Erzählens darstellt, sondern daß er auf einen Hauptwesenszug des Gesamtgeschehens hinweist, darauf nämlich, daß es im visionären Raum abläuft, in den der Held Eingang gewinnt durch den Hellschlaf. In diesem Raum tritt die feindliche oder erprobte Gewalt – oder irgendeine sonstige ‚Macht' – in Drachengestalt in Erscheinung. In ihn tritt auch der Held zum Kampfe ein, und zwar mit derjenigen Teilkraft seines Wesens, die diesem Kampf nach alter Anschauung vorzüglich gewachsen ist, mit dem tierischen Anteil seines Wesens nämlich – und gegebenenfalls auch selbst in einer Tiergestalt, die sich im hypnoiden oder somnambulischen Zustande aus seinem Gesamtwesen herauslöst

[...]. [Im] Kampf gegen den Drachen vollzieht sich der zentrale Anteil der Handlung also nicht im Körperraume, sondern im Raum der Erscheinungen. Daß dieser Wesenszug des Geschehens nicht ausgesprochen wird, ist echt märchenhaft [...] Doch wird dieser eigentliche Gehalt der märchenhaften Begebenheit innerhalb der Handlung angedeutet durch die Spannung, in die tätiges Wachen und tiefes, scheinbar tatloses Schlafen zueinander gesetzt werden. Dieser Kunstgriff bedingt merkwürdige Teilungen zwischen Schlafenden und Wachenden, sei es, daß beide zugleich und nebeneinander in verschiedenen Personen auftreten, sei es, daß sich der einzelne Held nacheinander als dieser, einmal als jener darstellt." (ebenda S. 154 f.)

Liest man nach dieser Einsicht Märchen, gewahrt man, daß die Hauptpersonen oft zauberhafte Hilfe benötigen, um die von ihnen geforderten Prüfungen und Bewährungen zu bestehen. Die Hilfestellung geschieht entweder in Form des unmittelbaren Eingreifens des Helfenden in das Geschehen oder kommunikativ durch Ratschläge oder Warnungen. Bei letzterem tritt das Zauberhafte in vielen überlieferten Märchen nur noch rudimentär auf, indem zum Beispiel von einer alten Frau oder einem weisen Mann und ähnlichem berichtet wird.

Das Märchen teilt uns also mit, daß wir einen wesentlich größeren Lebensreichtum gewinnen, wenn es uns gelingt, mit Wirklichkeiten in Kontakt zu kommen, die außerhalb des rational-realen Geschehens ablaufen. Dabei spielt es keine Rolle, ob sie sich als eine Art Idee im Bewußtsein offenbaren oder ob man sie unmittelbar, beispielsweise ekstatisch, erlebt.

Das Europäische Brüdermärchen zeigt uns deutlich den Lebensgewinn. (Auch hier wird der Verfasser in frevelhafter Kürze nur das Wesentliche nennen.) Es gründet sich darin „die Brüderlichkeit [...] in der sinnvollen Verteilung der Lebens- und Todesmächte." (Heino Gehrts: „Das Märchen und das Opfer", S. 53.) Damit derjenige Zwillingsbruder, der in die Welt hinauszieht, die Hand der Königsbraut erlangt, muß er im Totenreich gewesen sein. Das ist deshalb notwendig, weil Herrscher in der rituellen Kultur, aus der ein beträchtlicher Teil der Märchen entsprungen ist, sich kennzeichnen durch die Nähe zur Göttlichkeit, also durch Beziehungen zu außermenschlichen Welten. Aus der Welt der Toten kann der in die Ferne gezogene Bruder nur wiederkehren, wenn ihn der zurückgebliebene erlöst. Das gelingt dem noch lebenden Zwilling, indem er das lebensvernichtende Phänomen bändigt.

Also: Der Bruder, der zum Schluß die Königsbraut heiratet und vorher „dem Tod verfällt und ihn verwindet, durchschreitet die Stufen der Initiation bis zur leibhaft-schicksalhaften Existenz. Der andere [...] verharrt vor der Initiation [...]. Damit beide Brüder überhaupt siegreich in den Tod vordringen können, muß die Initiation des einen verzögert werden, während der andere, notgedrungen vorzeitig, in den Tod vorauseilt." (ebenda S. 50 f.) Die Lebenssteigerung im Brüdermärchen gründet sich folglich in einem harmonischen Ineinanderwirken der Lebens- und Todesmächte, das heißt verschiedener Ebenen der Wirklichkeit.

Daß diese Erkenntnis nicht nur im Märchen zu finden ist, vielmehr einen älteren Ursprung hat, beweist Heino Gehrts mit den religiösen Vorstellungen des Schamanismus. Auch der Schamane besitzt die Fähigkeit, zwischen mehreren Welten zu wandeln und erlangt dadurch Erkenntnisse, die den meisten Menschen verborgen bleiben. Wie das vonstatten ging, lassen wir beiseite, wir erwähnen nur im Zusammenhang mit dem Brüdermärchen, daß für den Kontakt des Schamanen mit anderen Welten ebenfalls sein ritueller Tod vonnöten war. Schamanen waren nicht ausschließlich Krankheitsheiler. Diese heute oft behauptete einseitige Anschauung von dem „Zauberpriester" kommt daher, daß der todesfürchtige Zivilisationsmensch diese Fähigkeit mit besonderer Faszination anblickt. Insbesondere wenn die Humanmedizin auf Grenzen stößt, wendet er sich gern hoffnungsvoll an die vom Alltagsmenschen aus gesehen wundervolle Heilung. Für die Gemeinschaft, die in der Religion des Schamanismus lebte, war der Schamane aber in erster Linie Lebensführer und -berater. Er half bei wichtigen Entscheidungen, die den alltäglichen Betrachtungshorizont der damals lebenden Menschen überstiegen. Und der Verfasser ist davon überzeugt, daß in dieser helfenden Weise auch heute noch die Märchen wirken könnten.

Das Ärgernis: „Gevatter Tod"

(Erstmals veröffentlicht in: „Märchenspiegel 1/02", S. 19 ff.)

Es war einmal ein Vater, der hatte eine Tochter. Diese beglückte er vor dem Schlafengehen immer damit, daß er ihr eine Geschichte vorlas. Eines Abends wußte er nicht, mit welcher Erzählung er den Schlaf seines Kindes einstimmen sollte. So nahm er „Die Kinder- und Hausmärchen der Brüder Grimm", die seine Tochter sehr gut kannte, und ließ sie ein Märchen auswählen, das sie noch einmal hören wollte.

Sie entschied sich für das Märchen: „Der Gevatter Tod".

Die Entscheidung des Kindes ist überraschend, kommt doch die Handlung der Geschichte nicht in Spielen vor, bei denen Kinder Märchen gemeinsam nachgestalten und deswegen gern wiederholt hören möchten. In solchen spielen oft Prinzen und Prinzessinnen, Könige und Königinnen eine wesentliche Rolle. Und trotzdem scheint im eben beschriebenen Fall die Geschichte vom „Gevatter Tod" auf das Kind eine Faszination auszuüben. Vielleicht liegt das daran, daß es bei diesem Märchen einerseits vor dem Unheimlichen zurückschreckt, jedoch dieses Ungewöhnliche gleichzeitig anziehend wirkt und aus einem solchen Spannungsverhältnis das Interesse für die Erzählung entsteht. Zumindest erwuchs bei dem Kind das Bedürfnis, sich den Ereignissen in der Geschichte vom „Gevatter Tod" immer wieder einmal auszusetzen.

Die Erwachsenen hingegen haben ihre Probleme mit diesem Märchen. Das zeigen unter anderem die vielen Interpretationsversuche, die aber selten befriedigen können, weil trotz der Analysen das Geschehen kaum an Klarheit gewinnt und viele Fragen offen bleiben. Manchmal wird sogar der Zweifel laut, ob wir es bei dieser Erzählung tatsächlich mit einem Märchen zu tun haben. Walter Scherf meint in seinem „Märchenlexikon", daß die „Gevatter-Tod-Erzählung [...] eher zu den Beispielgeschichten mit sagenhaften und gelegentlich auch mit schwankhaften Zügen" gehört. (Walter Scherf: „Das Märchenlexikon, erster Band A-K", S. 495.) Doch wollen wir diesem Problem nicht nachgehen, sondern versuchen herauszufinden, warum sich das Kind in der beschriebenen und tatsächlich stattgefundenen Episode gerade die Geschichte vom „Gevatter

Tod" aus dem umfangreichen Märchenschatz der Brüder Grimm ausgesucht hat. Dabei nehmen wir bei der Untersuchung Anhalt bei der Textfassung der Erzählung, die heute in den allgemein verbreiteten Märchenbüchern zugänglich ist, denn genau der Inhalt war es, der das Kind in seinen Bann zog.

Der folgende Deutungsversuch will aufhellen, welche Weisheiten ein Kind heute noch aus der Handlung entnehmen kann – was spricht seine Seele an beim Hören der Geschichte? Bekommt es durch das Märchen Einsichten, mit denen gerade Eltern ihre Schwierigkeiten haben?

Zwei Ärgernisse sind es, die es von Seiten der Erwachsenen offensichtlich immer wieder notwendig erscheinen lassen, das Märchen vom „Gevatter Tod" genauer zu beleuchten. Zum einen ist es die Ablehnung des Vaters am Anfang der Geschichte, Gott als Paten des neugeborenen Kindes zu nehmen, und zum anderen das vom Zivilisationsmenschen aus gesehen traurige Ende.

Bekommen wir vielleicht ein besseres Verständnis für die Handlung des Märchens, wenn es uns gelingt, diese beiden Sachverhalte sinnvoll zu verbinden?

Wenden wir uns zunächst der Patensuche zu.

„Es hatte ein armer Mann zwölf Kinder und mußte Tag und Nacht arbeiten, damit er ihnen nur Brot geben konnte. Als nun das dreizehnte zur Welt kam, wußte er sich in seiner Not nicht zu helfen, lief auf die große Landstraße und wollte den ersten, der ihm begegnete, zu Gevatter bitten." („Die Kinder- und Hausmärchen der Brüder Grimm", S. 135.)

Daß es das dreizehnte Kind ist, für das ein Gevatter gefunden werden soll, ist sicherlich kein Zufall. Ihm wird auch keineswegs, das beweist der Fortgang der Handlung, der erste beste, dem der Vater begegnet, zum Gevatter gegeben. In Wirklichkeit sucht er jemand ganz bestimmten, der dem Umstand Rechnung tragen kann, daß es der dreizehnte Sprößling in der Familie ist, der das Licht der Welt erblickt hat.

Gilt heute die Zahl 13 häufig als Unglückszahl, wurde sie in früheren Kulturen als Zusatz zur Zahl 12 angesehen, die ihrerseits als Zeichensymbol einen geschlossenen Kreis darstellte. Letzteres ist gut nachvollziehbar, man denke nur an die 12 Monate, die ein Jahr vollenden, oder an die 12 Stunden des Tages und die der Nacht bei der Tagundnachtgleiche, wo die Gesamtheit von Helligkeit und Dunkelheit die Harmonie erreicht. Diese ausgewogene Geschlossenheit der Zahl 12 kommt sowohl in den Religionen zum Ausdruck (genannt seien nur die „Zwölf Apostel" aus der christlichen Überlieferung) als auch in vielen Märchen, wo oft zwölf Kinder in einer Familie sind, zum Beispiel zwölf Brüder, die dann in Tiere verwandelt werden. Diese finden jedoch erst von der hinzukommenden dreizehnten Besonderheit, nämlich einer Schwester, ihre Vollendung, sprich Erlösung. Das heißt, erst die 13 gibt der Geschlossenheit der 12 eine Einheit. Das wird uns auch in der etruskischen Götterlehre bestätigt, in der „u.a. die sechs göttlichen Paare erst durch die Zuziehung des Dreizehnten zur Einheit werden." (Franz Carl Endres/Annemarie Schimmel: „Das Mysterium der Zahl", S. 223.) Die Gnosis sieht in der Zahl 13 die Vollendung, die „Krönung der Zwölf" (ebenda) und „die Kabbala hält die Dreizehn für günstig, denn im Hebräischen (wie im Arabischen) ist Dreizehn der Zahlwert des Wortes Ahad, ‚Einer'." (ebenda S. 225) Der Einer oder die Eins wiederum ist „Symbol des Ur-Einen, Nicht-Polaren, Göttlichen; sie umfaßt Zusammenhang, Gesamtheit und Einheit" (ebenda S. 56.) Und daß selbst noch der Gegenwartsmensch ein solches Verständnis für die Charakteristik der Zahl 13 hat, zeigt die heute noch in manchen Ländern übliche Zusammensetzung des Gerichts aus zwölf Schöffen und einem Richter.

Ziehen wir nun aus diesen Erkenntnissen den Schluß, daß es eine ganz bestimmte Bewandtnis damit hat, daß im Märchen vom „Gevatter Tod" gerade für das dreizehnte Kind ein Pate gesucht wird, so stellt sich daraufhin die Frage, wer dafür prädestiniert ist. Gibt es ein personifiziertes außermenschliches Phänomen (eine typische Gestaltungsform im Märchen), das den Gehalt des Zahlensymbols der 13 im Dasein der Menschen erfüllt, also das Leben insgesamt in einer Geschlossenheit hält, daß es sich nicht in der Unendlichkeit (Ewigkeit) verliert?

Vielleicht Gott? Wohl kaum, dazu trägt er zu menschliche Züge. Er gibt dem Reichen und läßt den Armen hungern, wie der Vater im Märchen behauptet, als Gott ihm das Angebot macht, ihn zum Gevatter zu wählen. Das bedeutet nichts anderes, als daß Gott urteilt wie ein Mensch. Er klassifiziert die Erdenbürger in Gut und Böse, in Gläubige und

Ungläubige, in Nützliche (Erhaltenswerte) und Verdammungswürdige. Damit scheidet Gott als Pate für das dreizehnte Kind aus, denn er repräsentiert zwar den Ursprung des menschlichen Lebens, gibt ihm aber nicht die sichere Geschlossenheit, sondern spaltet es vielmehr, was freilich Grundbedingung seiner gestalterischen Schöpfertätigkeit ist. Wohlgemerkt, daß Gott als Gevatter nicht in Frage kommt, heißt keineswegs, daß er bedeutungslos für die Menschen wäre, ganz im Gegenteil, ohne ihn gäbe es sie als Geistwesen gar nicht. Er ist das lebendige Spiegelbild ihrer eigenen Schöpferkraft, aber er gibt dem Leben nicht die Festigkeit und Sicherheit, dazu ist er zu sehr in die menschliche Existenz integriert. Durch Gott bekommt das Dasein für die Denkenden eine wahrnehmbare Präsenz, er ist aber nicht der Ermöglichungsgrund des gesamten Lebens. Genausowenig wie der Teufel es ist, der sich als zweiter als Gevatter für das dreizehnte Kind offeriert. Er ist lediglich die Gegengestalt Gottes und zwar die negative, um den positiven Wert des „himmlischen Vaters" deutlich werden zu lassen. Der Teufel besitzt ebenso menschliche Charakterzüge, also Eigenschaften, die ausschließlich für das Leben Geltung haben, diesem also keinen Halt geben können. Das vermag nur eine Erscheinung, die außerhalb des Lebens steht, nämlich dessen Negation: der Tod. Er ist schließlich der dritte, der sich als Pate anbietet. Der Vater des dreizehnten Kindes antwortet auf dieses Angebot: „Du bist der rechte, du holst den Reichen wie den Armen ohne Unterschied, du sollst mein Gevattersmann sein." („Die Kinder- und Hausmärchen der Brüder Grimm", S. 135.)

Es ist bei der Betrachtung dieser Geschehnisse wichtig, das Motiv für die Wahl des Vaters herauszukristallisieren. Nehmen wir seine Antworten wörtlich, so könnte man tatsächlich mit der Ablehnung Gottes als Pate von einer sozialkritischen Tendenz sprechen, wie es Diether Röth im „Kleinen Typenverzeichnis der europäischen Zauber- und Novellenmärchen" behauptet, aber das ist nur die Oberfläche der Entscheidung des Vaters, ein äußerliches, seinem Bewußtseinsstand entsprechend objektives Unterscheidungsmerkmal, mit dessen Hilfe er sich den Gevatter sucht, der seinem Kind Lebenssicherheit gewähren kann. Wie vermag sie Gott zu geben, wenn er so wählerisch ist. Im Gegensatz dazu besitzt der Tod, „der alle gleichmacht" (ebenda), diese Fähigkeit, weil er nicht eine bestimmte Art von Leben bevorzugt, sondern jede Form ohne Unterschied berücksichtigt.

In diesem Sinne verkörpert der Tod ein Gerechtigkeitsideal, das im menschlichen Leben nie erreicht werden kann, weil es ja dann unbeweglich, genauer formuliert, leblos wäre, dessen Erlangung aber vornehmlich die geknechteten Menschen ständig anstrebten, aus dem sie die Kraft für ihre Auseinandersetzungen schöpften. In der heutigen sogenannten Individualgesellschaft, wo sich die Gemeinschaft fast ausschließlich durch den persönlichen Kampf und die Interessen jedes Einzelnen bestimmt, also ein gemeinschaftliches Ideal nur durch die Feststellung eines gemeinsamen Bestrebens entsteht, nämlich in der unausgesprochenen, weil inhumanen Gier nach Selbstverwirklichung und dementsprechend im individuellen Behauptungswillen, hat ein allgemeingültiger sozialer Gerechtigkeitssinn keinen Bestand mehr. Das Abschieben der älteren Generation an den Rand der Gesellschaft, die seelische Verwahrlosung der Kinder oder eine Gewährleistung von Gesundheit unter der Bedingung, daß sie sich wirtschaftlich rechnen läßt, sind nur die deutlichsten Äußerungen dieses Umstandes.

Da der Tod, um auf unser Thema zurückzukommen, das Leben in seiner ganzen mannigfaltigen Form hinnimmt, hat er die Voraussetzung, diesem ein festes Gefüge zu geben und seinen Erhalt zu ermöglichen. Deswegen ist die Behauptung des Todes richtig, wenn er dem Vater zusichert, daß wer ihn „zum Freunde hat, dem kann's nicht fehlen" (ebenda), der ist sich seines Lebens sicher.

Auf Grund der bisher aufgeführten Gedankengänge kann der Verfasser Joseph Hoymann nicht zustimmen, wenn er in seinem Artikel „Wieviel Leben hat der Tod, wieviel Tod das Leben – Ein Nach-Denken über Der Gevatter Tod [...]" („Märchenspiegel 4/00, – November 2000", S. 119 ff.) vorzugsweise die Person des Todes, diesen „Jemand, der handeln und sprechen kann" (ebenda S. 119), betont, weil die Personifizierung des Todes nur eine Darstellungsform für ein Phänomen ist, das trotzdem nichts Menschliches an sich hat. Werden dem Tod, weil er im Märchen eine menschliche Gestalt bekommt, dadurch gleichzeitig Charakterzüge des Menschen zugesprochen, so führt die Interpretation der Geschichte vom Gevatter Tod sehr schnell in die Sackgasse, wie es Hoymanns Aufsatz zeigt. In diesem führt er aus: „Wenn der Tod wie eine menschliche Person vorgestellt wird, muß er auch wie eine menschliche Person reagieren." (ebenda S. 121) Dann sieht es tatsächlich so aus, daß der Tod, wenn er einen Sterbenden holt, einen „Besitzanspruch" (ebenda) anmeldet, also doch eine Wahl trifft, die schließlich am Ende der Geschichte auf das Patenkind selbst fällt. Und schon sind wir beim zweiten Ärgernis, dem traurigen Ende des Märchens oder, anders formuliert, dem Irrtum des Vaters. Offensichtlich bietet der Tod nicht Lebenssicherheit, sondern nur Lebensvernichtung. So wäre er ein Feind des Lebens, gegen den der Mensch kämpfen muß. Damit haben wir die Einstellung des modernen Zivilisationsmenschen zum Phänomen des Todes kurz umrissen. Jedoch so werden wir dieser Erscheinung nicht gerecht.

Der Gevatter Tod macht sein Patenkind zu einem berühmten Arzt, indem er ihm ein universelles Mittel gibt, das Kranke heilt. Diese Arznei darf aber nur angewendet werden, wenn der Leidende nicht dem Tod geweiht ist. Deshalb knüpft der Gevatter an das Geschenk folgende Bedingung: „Stehe ich zu Häupten des Kranken, so kannst du keck sprechen, du wolltest ihn wieder gesund machen, und gibst du ihm dann von jenem Kraut ein, so wird er genesen. Steh ich aber zu Füßen des Kranken, so ist er mein, und du mußt sagen, alle Hilfe sei umsonst und kein Arzt in der Welt könne ihn retten." („Die Kinder- und Hausmärchen der Brüder Grimm", S.135 f.)

Was hier so erscheint, als wenn der Tod nach eigenem Gutdünken seine Entscheidung träfe, wer mit ihm kommen muß oder wer im Leben verbleiben darf, erweist sich am Schluß der Geschichte als Trugschluß. Nachdem der Arzt seinen Gevatter zweimal hintergangen hatte, um einmal dem todgeweihten König und später dessen ebenfalls todgeweihter Tochter das Leben wiederzugeben, indem er die Kranken im Bett drehte, so daß der Tod nicht mehr wie beim Eintreten des Arztes ins Krankenzimmer zu Füßen des Leidenden stand, sondern zu Häupten, führte ihn der Tod in eine Höhle. Dort sah der Arzt, „wie tausend und tausend Lichter in unübersehbaren Reihen brannten, einige groß, andere halbgroß, andere klein. Jeden Augenblick verloschen einige, und andere brannten wieder auf, also daß die Flämmchen in beständigem Wechsel hin und her zu hüpfen schienen. ‚Siehst du', sprach der Tod, ‚das sind die Lebenslichter der Menschen. Die großen gehören Kindern, die halbgroßen Eheleuten in ihren besten Jahren, die kleinen gehören Greisen. Doch auch Kinder und junge Leute haben oft nur ein kleines Lichtchen.'" (ebenda S. 137) Diese Darstellung bezeugt eindeutig, daß nicht der Tod entscheidet, wann er einen Menschen holen muß, vielmehr muß er sich nach den Lebenslichtern richten. Erst wenn das Lebenslicht eines Menschen verlöscht, ist es Zeit für den Tod, seine Arbeit auszuführen. Der Tod ist also gebunden an ein, der naturwissenschaftlich gebildete Mensch würde sagen Gesetz, das er nicht verletzen darf, soll das Leben, wieder im mechanischen Sinnbild ausgedrückt, im Gleichgewicht bleiben. Ist das Lebenslicht aufgebraucht, kann der Tod nicht einmal bei seinem Patenkind eine Ausnahme machen. Sobald es nicht mehr leuchtet, muß der jeweils zu ihm gehörende Mensch sterben. Ein Verhandeln ist nicht möglich, das Schicksal endgültig besiegelt, das heißt, daß das Ende unwiderruflich gültig ist. Deshalb berücksichtigt der Gevatter auch nicht den Wunsch seines Patenkindes, ein anderes Leben für seine Lebensverlängerung zu opfern. Er verfährt auch hier in einer Art, die persönliche Interessen oder gar Eigennutz ausschließt. Deshalb rächt sich der Gevatter in diesem Fall nicht, wie es selbst der Grimm'sche Text behauptet, sondern er handelt, wie es „seine Gebote", die ausschließlich dem Leben dienen, erfordern.

Wie sehr sich der Tod an die vorgegebenen Regeln hält, wird daran deutlich, daß er selbst die Manipulation des Arztes mit der Drehung des Kranken akzeptiert. Da er nun den Todgeweihten zu Häupten steht, wird ihnen eine weitere Lebensfrist gewährt. Wäre es dem Tod wirklich um die Erfüllung seiner eigenen Ansprüche gegangen, so hätte er wohl die Macht gehabt, das Leben des Königs wie das seiner Tochter, trotz der Lageveränderung, zu beenden. Freilich liegt die Vermutung nah, daß das Leben der beiden nur eine Verlängerung erfuhr, weil der Arzt unwissentlich einen Teil seines eigenen Lebenslichtes dafür hergeben mußte, denn Leben kann nur entstehen, wenn anderes vergeht. Wohl deswegen ist das Lebenslicht des Patenkindes, als dieses mit seinem Gevatter in die Höhle der Lebenslichter geht, nur noch ganz klein.

Nun könnte man gegen die Behauptung, daß Existenzen nur gegeben werden können, wenn andere zurückgegeben werden, das Argument anführen, daß die Bevölkerungsexplosion auf der Erde doch beweist, daß Leben sich auch einseitig zu vermehren vermag. Und sieht man dabei nur die menschliche Gattung, so würde die Begründung Zustimmung erheischen. Aber das Leben ist umfänglicher. Es mußten schließlich unzählige Tier- und Pflanzenarten aussterben, um die menschliche Okkupation dieses Planeten zu gewährleisten.

Kurzum, das Leben insgesamt bleibt nur lebendig, wenn es durch den Tod beständig verjüngt wird. Es kommt dementsprechend in erster Linie nicht darauf an, eine bestimmte lebendige Erscheinung zu erhalten, sondern dieses Einzelne hat nur seine Daseinsberechtigung, wenn es dazu beiträgt, die Gesamtheit des Lebens zu erhalten; das bedeutet eben auch, daß es stirbt, wenn seine Lebenszeit abgelaufen ist.

Es muß zugestanden werden, daß eine solche Betrachtung des Lebens sehr menschlich ist, weil nach einem Zweck ausgerichtet. Natürlich läßt das Leben auch Unausgewogenheiten zu, solange es in bestimmten Toleranzen geschieht. Gleichzeitig ist zu beachten, daß das Leben nicht als Eigenwillen, etwa in Form eines Schopenhauerschen Weltwillens, auftritt, vielmehr einfach da ist und wohl ebenso einfach vergehen wird, sobald die Bedingungen dafür nicht mehr vorhanden sind. Streng genommen, und nicht nur auf die organische Existenz bezogen, wissen wir nicht, woher das Leben kommt und wo es hinführt. Der Anfang muß vom Menschen gesetzt werden. Dieser dient ihm als Lebensorientierung und ist keineswegs eine Erklärung, wie Leben wirklich entstand. (Es stellt sich überhaupt die Frage, ob das Gesamtphänomen Leben entstehen und vergehen muß, oder ob es nicht vielleicht, gemeinsam mit dem Tod, ein Phänomen ist, was wir als anfangs- und endlos bezeichnen können.) Es spielt bei dieser Festlegung des Ursprungs, was im übrigen die Menschen aller Entwicklungsstufen taten, keine Rolle, ob ein Gott das Leben herausgebildet haben soll oder ein Urknall dafür verantwortlich war, denn bei jeder kausalen Betrachtungsweise ist die Frage nach dem jeweils Vorlaufenden berechtigt, das heißt, wo kam zum Beispiel Gott her, bevor er das Leben erschuf, oder was war vor dem Urknall, und schon wären wir wieder bei einer (formallogisch) viel wahrscheinlicher erscheinenden

Anfangslosigkeit des Lebens. Demgemäß ist eine zweckorientierte Betrachtung des Lebens zwar für den Menschen unverzichtbar, wenn er seine Erlebnisse geistig fixieren möchte, aber damit nähert er sich denkend der Wirklichkeit, in der er lebt, nur an.

Da der Mensch das Leben – in kosmischer Dimension gesehen – nur in sehr eingeschränktem Maße beherrschen kann und den Tod noch viel weniger, muß der Arzt in der Geschichte vom „Gevatter Tod" an seiner provozierenden Herausforderung gegenüber dem Tod zugrundegehen, da er es bei ihm mit einer Erscheinung zu tun hat, die die seine mit einschließt, das heißt eben auch bei weitem übersteigt. Letzteres nimmt das Patenkind nicht wahr, sondern versteigt sich in die Auffassung, daß es seinem Gevatter als Gleichberechtigter gegenübertreten kann. Daß das heute noch die Anschauung des überwiegenden Teils der Geistträger ist, zeigen die Ausführungen vieler Interpretationsversuche dieser Erzählung.

Der Mensch hat eigentlich nur eine Daseinsberechtigung, wenn er die Grundregeln des Lebens akzeptiert, also auch den Tod. Tut er dies nicht, ist er schon ein Todgeweihter. Unter anderem darum schreitet die zivilisierte Menschheit ihrer eigenen Vernichtung entgegen, weil sie beständig versucht, den Tod aus ihrer Existenz zu verbannen; sie stellt sich ihm nicht. Eine Folge davon ist, daß der Zugang zum Leben ebenso versperrt bleibt. Im Angesicht einer absolut erscheinenden persönlichen Endlichkeit muß einem die Existenz sinnlos vorkommen, weil die einzige sinnvolle Aktivität dann nur noch der Kampf ums Überleben wäre, der jedoch schon im voraus verloren ist.

Wenn wir versuchen, das Sterben aus unserem alltäglichen Dasein hinauszudrängen, gewahren wir auch die Unendlichkeit in unserer endlichen Existenz nicht mehr, was zur menschlichen Verlorenheit (der unaufhebbaren Vereinzelung) führt - einer besonderen Charakteristik der Zivilisation.

„Unsterblich [oder eben unendlich] sind wir als die Sterblichen, die wir sind." (Bruno Liebrucks: „Sprache und Bewusstsein, Band 7", S. 691.) Ähnlich wie beim Zusammenhang von Leben und Tod kann die Unendlichkeit in der menschlichen Existenz nur in der Endlichkeit wirken. Gelingt es dem Menschen nicht, den Tod in sein Dasein zu integrieren, so vermag er seine begrenzte Frist nicht zu überwinden, im

Gegenteil, sie wird zu einem Alpdruck, den er sein ganzes Leben über mitschleppt. Ein solches ungelöstes Problem lähmt die persönliche Lebendigkeit, und das Individuum führt dementsprechend zwischen seinem Anfang und seinem Ende lediglich ein „totes Leben", da es nie wirklich mit dem Tod lebt.

Jedoch, daß die Unendlichkeit keine Wirksamkeit mehr in der Gegenwart hat (die entgöttlichte Welt ist ein Ausdruck dafür und gleichzeitig eine Antwort auf unsere aufgeklärte Anschauungs- bzw. Verhaltensweise), bedeutet nicht, daß sie deswegen verschwunden wäre, sie durchtränkt weiterhin jeden Augenblick, da dieser sonst nicht vom nächsten „anders-gleichen" Augenblick abgelöst werden könnte, also keine für den Menschen erkennbare Bewegung im Leben stattfinden würde. Und wie die Unendlichkeit beständig anwesend ist, genauso ist der Tod in jedem Moment im Leben und gewährleistet durch seine fortwährende Abberufung des gerade existierenden Momentes die notwendige Veränderlichkeit, das heißt Verjüngung des Lebens.

Das bedeutet, der Tod steht nicht fortwährend im Hintergrund, um dann schicksalhaft in die menschliche Existenz einzufallen, sondern ist ein ewiger unmittelbarer Begleiter des Lebens und gibt diesem labilen Zustand seine Stabilität. Er ermöglicht durch seine Anwesenheit jeder vitalen Erscheinung überhaupt erst die Existenz. (Deswegen ist die in einem anderen Zusammenhang gestellte Frage Falcos – alias Hans Hölzel – in seinem Lied "Out Of The Dark": „Muß ich denn sterben, um zu leben?" schlichtweg mit „Ja" zu beantworten.)

Daraus ergibt sich die für den naturwissenschaftlichen Menschen paradox anmutende Behauptung, die aber offensichtlich ist: Je mehr wir den Tod mißachten, desto ungezügelter muß er seiner Tätigkeit nachgehen.

In diesem Sinne ist das Märchen vom „Gevatter Tod" eine Warnung, die „Handlungen" des Todes nicht nur zu akzeptieren, sondern auch zu achten, denn dieser ist mit dem Leben als seinem Gegenpol unlöslich verbunden, so daß der Versuch des Menschen, den Tod aus seinem Dasein zu eliminieren, unweigerlich zur Folge hat, daß auch das menschliche Leben verschwindet.

Die Gewißheit der festen Verbundenheit von Leben und Tod muß jene kindliche Seele besessen haben, die sich den „Gevatter Tod" als „Gute-Nacht-Geschichte" wünschte und sich dadurch zum wiederholten Male der „traurigen" Erzählung aussetzte. Sie fand wohl trotz der teilweise für die moderne Auffassung unangenehmen Aufklärung eine Beruhigung in diesen Geschehnissen, so daß sie sich nach deren Hören ohne Furcht dem kleinen Bruder des Todes, dem Schlaf, hingeben konnte.

Und wenn Vater und Tochter den Tod im Leben immer noch ehren, so sind sie heute noch lebendig bis ans Ende ihrer Tage.

Gibt es das Märchen als Film?

(Erstmals veröffentlicht in: „Märchenspiegel 1/2006", S. 13-19.)

Im „Märchenspiegel 1/00, Februar 2000" schrieb Linde Knoch in ihrem Artikel „Märchen und Medien", daß für sie weder bei Zeichentrickfilmen noch bei sogenannten Realfilmen Märchen filmisch restlos gelungen umgesetzt worden sind. Sie begründet dieses Phänomen mit dem Umstand, daß Märchen Poesie und Dichtung sind, die sich im „Inneren" des Menschen abspielen. Leider erklärt sie nicht, was sie konkret damit meint. (Die Vermutung liegt freilich nah, daß sie, einem Trend der Zeit gemäß, seelische Regungen des Menschen als das Geheimnisvolle und oft benannt als das unschuldig Gute in sein „Inneres" verbannt. Das geschieht meist, um eine als „rein" mißverstandene menschliche Seele abzuschirmen vor einer „äußeren" Welt, die wir so, wie wir sie wahrnehmen, nicht akzeptieren können bzw. wollen.)

Des weiteren behauptet die Autorin des Artikels: „Wenn wir ein Buch lesen und dann eine Verfilmung zu diesem Stoff sehen, sind wir meist enttäuscht. Unsere Vorstellung von dieser und jener Figur war eine ganz andere." (Linde Knoch: „Märchen und Medien", in: „Märchenspiegel 1/00", S. 9.)

Nun zeugt eine solche Meinung von einer Voreingenommenheit gegenüber dem Medium Film, denn es ist in seiner fast ausgesprochenen

Ausschließlichkeit schlichtweg falsch. Beispielsweise hat, um nur zwei Filme aus dem märchenfernen Bereich aufzuführen, die Verfilmung des Romans „Verstand und Gefühl" von Jane Austen unter dem Titel „Sinn und Sinnlichkeit" durch die Drehbuchbearbeitung von Emma Thompson inhaltlich wesentlich an Substanz gewonnen, so daß ein eher durchschnittlicher Roman durch die Verfilmung ein wahres tiefsinniges Kunstwerk wurde.

Ein ganz andersgeartetes Beispiel ist die filmische Bearbeitung des Romans von Isabel Allende „Das Geisterhaus" durch Bille August. Der inhaltliche Umfang der Buchvorlage machte in diesem Fall eine Verdichtung des Stoffes notwendig. Das geschah unter anderem in der Weise, daß zwei Personen des Buches (Mutter und Tochter, Blanca und Alba) in eine Filmgestalt umgewandelt wurden. Das ist ein Grund von vielen, warum dieser Film gegenüber der Vorlage ein ganz selbständiges Format erhielt, was einen Vergleich zwischen Buch und Film schwierig macht, denn beides wirkt in seiner jeweils eigenen Weise. Eine eventuelle Bevorzugung der einen oder anderen Bearbeitung des Inhaltes wurzelt dann meist in einer allgemeinen Favorisierung einer dieser Kunstformen.

Die Abwertung des Märchenfilms gegenüber dem Märchenbuch versucht Linde Knoch natürlich zu begründen, freilich wieder nur durch weitere Vorurteile. Nach ihrer Ansicht werden durch den Film die inneren Bilder konkret und vollständig umgesetzt in äußere. So „geht scheinbar das Wertvollste verloren, das uns die Märchen anbieten, nämlich die Möglichkeit und Kraft, selbst schöpferisch tätig zu werden [...] Die Festlegung durch äußere Bilder blockiert die Einbildung durch innere Bilder, und das bedeutet: Die Möglichkeit zur Identifikation wird dem Zuschauer genommen oder erschwert. Das Wort erzeugt unbegrenzten Freiraum, das Bild zieht feste Grenzen. Mit den Worten des Naturforschers Lorenz Oken ausgedrückt: Das Auge führt den Menschen in die Welt, das Ohr führt die Welt in den Menschen ein. Es ist keine Frage, daß äußere Bilder das Leben des Menschen bereichern oder auch erklären können, wo es auf Genauigkeit, Meßbares, Eindeutiges, auf Wissenschaftliches ankommt. Sehr viel schwerer und in manchen Fällen vielleicht gar unmöglich (?) ist es, Mehr- und Vieldeutiges abzubilden, bei dem es um seelische Muster geht." (ebenda S. 10)

Ein Blick in die Menschheitsgeschichte läßt zumindest auch eine umgekehrte Interpretation zu. Denn um sich seelische Vorgänge des Lebens bewußt zu machen (eigentlich „vor Augen zu führen") und damit gleichzeitig die träumerische Phantasie anzuregen, benutzte der archaische Mensch zunächst nicht die Form der Erzählung, sondern die Übertragung (Übersetzung) in ein äußeres Bild mit Hilfe von Ritualen. Einige erlebten das Ritual direkt, der überwiegende Teil der Anwesenden jedoch gewahrte das veräußerte Bild des Zeremoniells durch Zuschauen. In diesem Sinne ist vielmehr zu vermuten, daß ein Erlahmen der schöpferischen Kraft, Phantasiebilder unmittelbar in der Wirklichkeit darzustellen, das mit der geistigen Entwicklung, also einer Entfernung des Denkenden von seiner Erlebniswelt, einherging, es notwendig werden ließ, seelische Erfahrungen in Geschichten gerinnen zu lassen. Diese dienten dann als eine Art Raster, um die bildnerischen Erlebnisse als Erinnerung wiederzubeleben. Dabei ändert sich das Motiv einer solchen Übermittlung von Erkenntnissen nicht; sowohl das Ritual als auch der Mythos, das Märchen oder die Sage versuchen mit symbolischen Mitteln eigentlich nicht Wiedergebbares bzw. Unaussprechbares deutlich werden zu lassen.

Daß Märchen Einsichten widerspiegeln, die aus einer Welt kommen, deren Verständnis sich vornehmlich durch das Ritual eröffnete, drückt auch Heino Gehrts in seiner Untersuchung über das Europäische Brüdermärchen aus: „Das Volksmärchen [...] überliefert in einer einheitlichen und sinnangemessenen Bildersprache ganzheitliche Modelle vollausgebildeter Ritualgewebe – in ihrer beispielhaften sowohl wie ihrer gestörten und sich durch die Störung noch vollendenden Grundform – aus einer Vorzeit, in der diese Rituale regelmäßig vollzogene Vorbilder des Handelns waren." (Heino Gehrts: „Das Märchen und das Opfer – Untersuchungen zum Europäischen Brüdermärchen", S. 232.)

Mit dem Argument, daß die „äußeren Bilder" eines Filmes schwer in „innere Bilder" des Zuschauers verwandelt werden können und so für diesen die Identifikationsmöglichkeit mit den handelnden Figuren eine Hemmung erfährt, kann man also kaum den Umstand begründen, warum ein Märchenfilm nicht das Märchen, was er wiedergibt, qualitativ erreicht. Auf einer Seite widerlegt die Praxis vielmehr eine derartige

Begründung, denn der Film erleichtert sogar die Identifikation, sofern der handelnde Mensch oder das mitspielende Tier Sympathie beim Zuseher erweckt. Die Idolisierung von Filmschauspielern oder von Filmtieren, wie zum Beispiel bei letzterem der Colliehündin „Lassy" oder des Delphins „Flipper", beruht zum Teil auf diesem Umstand.

Kurzum, es kommt im Artikel von Linde Knoch zu einer Heiligsprechung des Märchenerzählens, weil die schriftlich hinterlassenen Märchen scheinbar unabänderlich vorhanden sind. Diese Überzeugung hat freilich Walter Beck in seinem zwei Jahre später erschienenen Artikel „Märchenfilme und ihre Zeit" als Illusion entlarvt. Er betont: „Im Prozeß steten gesellschaftlichen Wandels [...] verändert sich auch das Märchen. Es verändert sich die Gestalt der jeweils einzelnen Geschichte. Es verändert sich durchaus auch der Begriff, den wir uns von der Gattung machen. Alle diese Veränderungen vollziehen sich im Vorgang der Benutzung des Märchens, dem des Schreibens und Lesens, dem des Erzählens und Zuhörens. Dieser Gebrauch des Märchens, wenn wir genau hinsehen, steht wiederum auf andere Art in enger Verknüpfung mit den Zeitläufen, indem wir Benutzende gleichermaßen mit ihnen verflochten sind. Was Einfluß auf eine Zeit hat, das wird auch von der Zeit beeinflußt." (Walter Beck: „Märchenfilme und ihre Zeit, Teil 1", in „Märchenspiegel 4/02", S. 24.)

Im zwanzigsten Jahrhundert entwickelte sich das Medium Film fast eruptiv. Demnach verwundert es nicht, daß auch das überlieferte Märchenmaterial mit dem Versuch aufgegriffen wurde, es in diese Kunstform zu verwandeln.

Bei einer Betrachtung der Umsetzung der Märchen in einen Film, die die Besonderheit des Kunstbereiches Film akzeptiert und demnach eine Bearbeitung des vorliegenden Märchenstoffs für notwendig erachtet, wird schnell deutlich, daß anfänglich das Bemühen da war, die Märchen inhaltsgetreu wiederzugeben. Das Ergebnis waren eher betuliche Filmwerke, die dem literarischen Märchen tatsächlich nicht das Wasser reichen konnten. Die Hauptursache dafür ist wohl darin zu sehen, daß es den Filmemachern nicht gelang, den abstrakten Stil und die relativ schmucklose Form des niedergeschriebenen Märchens in die Dynamik, die den Film kennzeichnet, zu übertragen. Der Film braucht eben andere

Mittel als die Dichtung, um den das Werk Aufnehmenden emotional zu berühren bzw. zu fesseln. Viel besser gelang das zunächst bei der filmischen Darstellung von Sagen oder Sagengestalten. Stellvertretend seien hier nur der DEFA-Film „Das kalte Herz" (Regie: Paul Verhoeven) und der Film des Fernsehens der DDR „Die schwarze Mühle" genannt (Regie: Celino Bleiweis; gedreht nach dem gleichnamigen Roman von Jurij Brezan). Bei der Umsetzung eines Sagenstoffes kann viel stärker Bezug genommen werden auf die Zeit, in der die Sage wirksam war. Das gibt den Filmschaffenden einen erheblich größeren Gestaltungsspielraum.

Teilweise sind auch Märchen in der Weise verfilmt worden, daß sie in eine historische Geschichtsepoche eingegliedert wurden.

Bei solchen filmischen Bearbeitungen ist die Aussage Linde Knochs in ihrem oben schon erwähnten Artikel durchaus richtig, wenn sie sagt, daß aus „dem einfach strukturierten Volksmärchen [...] ein verfilmter Roman gemacht" wird. (Linde Knoch: „Märchen und Medien", in „Märchenspiegel 1/00", S. 10.) Das bedeutet nun jedoch nicht automatisch eine Qualitätseinbuße, wenn die substantielle Aussage des jeweilig behandelten Märchens beibehalten wird, die freilich keineswegs historisch ist.

Manchmal erhält das Märchen durch die filmische Umsetzung sogar noch eine Vertiefung oder Erweiterung seines Aussagegehalts. Ein sehr prägnantes Beispiel dafür ist der rumänische Film „Das Schloß hinter dem Regenbogen" (Regie: Elisabeta Bostan), der das Märchen „Jugend ohne Alter und Leben ohne Tod" (niedergeschrieben von Petre Ispirescu) zur Grundlage hat. In diesem Märchen erlangt der Prinz nach drei bestandenen Prüfungen die Unsterblichkeit, was dazu führt, daß er die Erinnerung an Mutter und Vater verliert (ein bezeichnender Hinweis darauf, daß die Unsterblichkeit nichts mit einem persönlichen Erdendasein, mit seiner subjektiven Vergangenheit, seiner individuellen Gegenwart und der daraus folgenden spezifischen Zukunftsaussicht zu tun hat). Durch Zufall gelangt der nun ewig junge Prinz ins „Tal der Tränen", vor dem er gewarnt wurde, und plötzlich sehnt er sich nach der Liebe der Eltern (die zugleich Geborgenheit bedeutet), womit angezeigt ist, daß er wieder ein Sterblicher geworden ist. Er kehrt nach Hause zurück und muß feststellen, daß Mutter und Vater längst tot sind. Das heimatliche Schloß ist zerfallen, und beim Heimweg ist er so schnell gealtert, daß er nach der Ankunft sofort stirbt.

Der Film zeigt ebenfalls, wie ein Jüngling zunächst drei Prüfungen bestehen muß, damit er die ersehnte Unsterblichkeit erlangt. Dazu gewinnt er die Prinzessin des „Reiches der Jugend ohne Alter und Tod". Er wird bei der Hochzeit mit ihr gewarnt, nie vom „Wasser des Leides und der Sehnsucht" zu trinken, denn dann würde er die Unsterblichkeit verlieren. Doch schon während der Hochzeitsfeier drängt es ihn, davon zu trinken. Die Prinzessin trinkt nun ihrerseits, mit vollem Wissen und weil sie es so will, vom Wasser, damit sie sterblich wird wie ein Erdenmensch und an der Seite des Geliebten die Sehnsucht und das Leid kennenlernt. Erst mit diesen beiden Handlungen vollendet sich ihre Liebe, denn diese beinhaltet nicht nur das gemeinsame Erlebnis des Glücks und der Zufriedenheit, sondern auch das des Schmerzes und der Sehnsucht. Liebe verwirklicht sich erst, wenn sie das ganze Spektrum des Lebens umfaßt, das heißt, wenn sie mit dem Leben identisch gesetzt werden kann. (Nebenbei bemerkt sind die hohen Scheidungsraten heutzutage unter anderem ein Zeichen dafür, wie wenig Menschen tatsächlich die Liebe im Leben erlangen. Wiewohl die geringe Zahl der Scheidungen in der Vergangenheit nicht automatisch das Gegenteil ausdrückt.) Kurzum, das niedergeschriebene Märchen sagt aus, daß derjenige, der die Unsterblichkeit erlangt hat, gar nicht merkt, daß er unsterblich ist, weil er sie nur im Wechselspiel von Leben und Tod erleben kann. Die Unsterblichkeit in der Liebe erfährt der Liebende in den Dimensionen der Sehnsucht, der Erfüllung und dem Vergehen. Die Liebe schließt in ihrer vollkommensten Form auch die Bereitschaft des Liebenden ein, mit dem Geliebten oder für ihn zu sterben, denn in den Momenten der liebenden Zuneigung merkt er, daß ausschließlich die Liebe das Dasein der Menschen lebenswert macht.

Diese indirekte Essenz des Märchens wird im Film konkreter und konsequenter dargestellt, denn nachdem der Prinz sterblich geworden ist, will es auch die Prinzessin werden. So bekennt sie sich wirklich zur Liebe zu ihrem Gemahl, indem sie mit ihrer Handlungsweise das Verlangen bezeigt, mit ihm alt, genauer, vergänglich zu werden. Dieser Wunsch wird im allgemeinen im christlichen Abendland bei der Hochzeit durch das Versprechen ausgedrückt, daß die Eheleute den Bund eingehen wollen, bis daß der Tod sie scheidet. Letztere Formulierung ist nun nicht ausschließlich als Zukunftsbekenntnis zu verstehen, sondern ebenso als gegenwärtiger Ausdruck der Liebe, der besagt, daß die sich Liebenden in der jetzigen Situation bereit sind, auf Leben und Tod füreinander da zu sein, das heißt auch, für den geliebten Partner das persönliche Leben zu riskieren. Das klingt in der heutigen Zeit recht überzogen oder, positiv ausgedrückt, romantisch, weil man kaum noch in eine Situation gelangt, die eine solche Entscheidung nötig werden läßt, und trotzdem steckt in einer wirklichen Liebe selbst heute noch diese Kraft bzw. Opferbereitschaft.

Es gibt, um auf den Ausgangspunkt zurückzukommen, noch eine andere Form der Märchenverfilmung, die in Osteuropa in den sechziger und siebziger Jahren des letzten Jahrhunderts sehr erfolgreich, fast massenwirksam war und ihren Höhepunkt mit den Arbeiten des russischen Regisseurs Alexander Rou hatte. Wenn von ihm Märchenfilme in den Kinos gezeigt wurden, waren diese, was heutzutage kaum vorstellbar ist, voll. Sein früher Film „Die schöne Wassilissa" war noch eng angelehnt an die gleichnamige Märchenvorlage, doch in den folgenden Filmen „Die schöne Warwara", „Der Hirsch mit dem goldenen Geweih" und „Abenteuer im Zauberwald" (bekannt auch unter dem Videotitel „Väterchen Frost") vermengte er viele Märchenmotive zu einer ganz neuen Geschichte. Indes auch bei diesen drei Filmen ist es immer noch möglich, Märchen herauszufinden, an die der Filminhalt angelehnt wurde. Erst mit dem Streifen „Feuer, Wasser und Posaunen" produzierte er eine ganz eigenständige Geschichte, die nur noch an den inhaltlichen und formalen Grundsätzen des Märchens und an dessen Weisheit ausgerichtet ist. Damit erlangte Rou die größtmögliche Freiheit gegenüber dem schriftlich hinterlassenen Märchen, ohne daß der Film die Charakteristik eines Märchens einbüßt.

Der Film „Feuer, Wasser und Posaunen" ist einer der ganz wenigen gelungenen Nachweise, daß auch heute noch eine neue Form des Märchens geschaffen werden kann. In ihm lernt der Köhlerbursche Wassja die liebreizende Aljona kennen und verliebt sich in sie. Doch um die Wandlung eines unreifen Jungen in einen Mann zu vollziehen, damit er würdig ist, Aljonuschka zur Frau zu nehmen, muß er die Initiationsrituale durchleben oder, im Sinne des Märchens ausgedrückt, drei Prüfungen bestehen. Er muß das Feuer besiegen, das Wasser überleben und dem hohlen Ruhm der Posaunen widerstehen, wo durch Schmeicheleien und Schönreden seine Eitelkeit über ihn siegen soll. Er besteht die Proben, weil er immer zur rechten Zeit fremde, wahrhaft märchenhafte Hilfe erlangt und sich seiner Liebe zu Aljona erinnert.

Es fragt sich nun, was den überwältigenden Erfolg des russischen Regisseurs Alexander Rou ausmachte, so daß heute noch von dem russischen Märchenfilm gesprochen wird, obwohl die anderen Werke qualitativ kaum an die seinen heranreichen. Ausnahme bildet hier eigentlich nur der Film „Das Märchen vom Zaren Saltan" (Regie: Alexander Ptuschko).

Zunächst ist zu sagen, daß Rous Märchenfilme technisch mit dem damals bestmöglichen Aufwand gedreht wurden. Das Märchen mit seinen vielen wundersamen Begebenheiten macht das einfach notwendig, wenn die Phantasieflüge, die sich beim Lesen der Märchen oft einstellen, im Film eine annähernd bildliche Entsprechung erhalten sollen.

Im Gegensatz zur westlichen Filmindustrie kam es aber in Osteuropa zu keiner Verselbständigung der Ausnutzung der technischen Möglichkeiten bei der Herstellung eines Filmes, obwohl auch dort die Faszination für das technisch Machbare sowohl auf Seiten der Filmschaffenden als auch der Zuschauer vorhanden war. Daß die westliche Filmwelt mittlerweile der Bezauberung ihrer technischen Fähigkeiten fast völlig erlegen ist, beweisen aktuelle Verfilmungen der Romane, wie „Der Herr der Ringe" oder „Harry Potter", was insbesondere bei ersterem Beispiel eindeutig zu Lasten der inhaltlichen Aussage geht. (Bei den „Harry Potter-Filmen" ist vorrangig der Umstand zu beklagen, daß schon der Vorlage inhaltliche Substanz fehlt.)

Für die oben genannten russischen Märchenfilme diente das damals vorhandene Potential der Tricktechnik der filmischen Umsetzung einer inhaltlichen Idee.

Diesen Unterschied zwischen der osteuropäischen und der westlichen Filmwelt kann man nun mit Kategorien wie „gut und schlecht" oder „vorteilhaft und nachteilig" werten, doch übersieht man bei solchen pauschalen Beurteilungen, daß es sich bei dieser jeweils andersgearteten Herangehensweise einer Filmproduktion um eine Objektivation des entsprechenden allgemeingültigen Weltbildes handelt. Dies äußerte sich im Westen im wesentlichen materialistisch, in Osteuropa idealistisch (also im genauen Gegensatz zur verkündeten marxistischen Theorie). Das bedeutet, die Menschen der westlichen Welt möchten ihre Schöpferkraft bzw. Fähigkeit in erster Linie direkt erfahren. Die spielerische Nutzung der Fortschritte in der Entwicklung der Computertechnik oder eben das Erlebnis der technischen Möglichkeiten im Film sind für sie dabei fast ein Initiationsritual, um in die Welt der automatisierten Technik hineinzuwachsen. Deswegen erscheinen beispielsweise vielen Kino- oder Fernsehzuschauern logische oder psychologische Schwächen im Handlungsablauf sogenannter massenwirksamer Aktionsfilme als relativ bedeutungslos.

Demgegenüber wurde die Leistungskraft des modernen Industriezeitalters dem sozialistischen Menschen Osteuropas in Verbindung mit einer übergeordneten Grundidee oder, genauer, mit einem Ideenüberbau nahegebracht. Obwohl also auch in den russischen Märchenfilmen die technischen Möglichkeiten des Menschen eine Objektivation erfuhren, blieben sie letztlich doch ein Mittel zum Zweck für die inhaltliche Aussage.

Eine weitere ganz mitentscheidende Besonderheit, die die Filme von Alexander Rou so anziehend machen, ist seine Darstellung einer ganzheitlichen Harmonie, die es ermöglicht, daß das Filmerlebnis trotz aller Dramatik des Geschehens sowohl bei Kindern wie bei Erwachsenen in sanfter Erinnerung bleibt (im Unterschied zum oben erwähnten DEFA-Film „Das kalte Herz", wo hauptsächlich bei Kindern, trotz des guten Endes, eher die düstere Atmosphäre der Handlung haften bleibt). Der unzerstörbare Einklang des Gesamtphänomens der jeweiligen Filmgeschichte bei Rous Arbeiten wird auf vielerlei Weise deutlich. Einerseits durch den innigen Zusammenhang der handelnden Menschen mit den nichtmenschlichen Naturerscheinungen (bei Rous Filmen vorzüglich das selbstverständliche Miteinander der Menschen mit allen Arten von Wildtieren wie Bär, Hirsch, Hase, Eichhörnchen usw.), desweiteren durch eine volkstümliche, sich der Heimat verpflichtet fühlende, kraftvolle und zugleich witzige sinfonische Filmmusik und letztlich durch die Vermenschlichung des Bösen. Letzteres ist wohl die gewichtigste Leistung Rous.

War das Böse im Film „Die schöne Wassilissa" noch dargestellt als ein tierisches Ungeheuer, ein fliegender Drachen und eine „unfaßlich" häßliche Hexe, so wandelte sich insbesondere das Bild der „Baba-Jaga" in den folgenden Filmen grundlegend. (Die Funktion dieser russischen Märchenfigur wurde in dem hervorragenden Artikel von Otto Betz „Suchst du Taten oder fliehst du Taten? – Die Baba-Jaga und der Vorgang der Initiation" im „Märchenspiegel 2/01", S. 39 ff. geschildert.) Darin ist sie zwar immer noch die alte, abstoßend aussehende Frau, doch sie erscheint in ihrer Bösartigkeit menschlicher, weil sie neben der Funktion als Überwindungsfigur, die die Hauptperson initiiert für die Erlangung seines ersehnten Zieles, noch dazu als Repräsentantin der alltäglichen menschlichen Schwächen auftritt. Sie klagt beispielsweise im Film „Abenteuer im Zauberwald" darüber, daß sie nicht krank ist, keine Schmerzen verspürt und so keinen Groll gegen andere entwickeln kann. Im Film „Der Hirsch mit dem goldenen Geweih" betrügt sie den Waldgeist beim Dominospiel und ist zudem trotz ihrer Häßlichkeit ungemein eitel.

Die ironischen Züge des Bösen im Märchenfilm machen eine solche Figur wie die Baba-Jaga den Kindern zugänglicher. Das ist auch notwendig, weil der Film durch seine Bildkraft direkten Zugang zu der Vorstellungswelt der jungen Zuschauer hat, während beim Lesen diese erst durch den Leser aktiviert werden muß. Letzterer Prozeß dient auch als Filter, wodurch das Lesematerial entsprechend der individuellen Empfindsamkeit aufbereitet wird. Beim Anschauen eines Filmes gibt es eine solche sogenannte Pufferzone nicht, deswegen muß eine Abmilderung des personifizierten Bösen schon bei der Gestaltung der Filmfigur erfolgen. In diesem Sinne hat das Filmteam um Alexander Rou Bahnbrechendes geleistet, was unter anderem auch für ein sehr hohes Verantwortungsgefühl gegenüber den Kindern spricht, die einen großen Teil des Publikums ausmachen.

Linde Knochs Behauptung hingegen: „Kinder bis zu einem gewissen Alter können nichts mit Ironie anfangen, sie ist sogar schädlich für ihr

Gemüt" (Linde Knoch: „Märchen und Medien", in „Märchenspiegel 1/00", S. 9) entbehrt, insbesondere was die Schlußfolgerung betrifft, jeglicher psychologischer Grundlage und ist auch in der praktischen Erfahrung auf breitem Raum nicht nachweisbar. Dies sind Behauptungen einer pädagogischen Ansicht, die in ihrer Auffassung von einer speziellen Kinderphantasie die Kinder eher verunsichert, als daß eine solche Einbildungskraft ihnen als Stütze dienen könnte, um die auf sie zukommende Welt in ihre Anschauungen verstehend zu integrieren. Kinder orientieren sich sehr stark an der Lebensart der Erwachsenen, die ihr Verständnis jedoch bei weitem übersteigt. Doch dieses teilweise Nicht-Verstehen-Können, wozu auch ironische Äußerungen der Eltern zählen, führt nicht zu Schäden, sie finden beim Heranwachsenden höchstens keinen Widerhall und haben dann für ihn keine Bedeutung.

Eine solche Argumentation, wie sie Linde Knoch ausführt, ist aber nicht nur aus diesem Grund fatal, sondern in erster Linie deshalb, weil sie unterschwellig voraussetzt, daß Märchen nur für Kinder da sind. Wenn dem so wäre, hätten Märchen keine Wirkung mehr im Dasein der Menschen. Daß dem nicht so sein muß, beweisen die Filme von Alexander Rou, denn sie sprachen die Erwachsenen genauso an wie die Kinder. Sie waren tatsächlich im besten und auch praktizierten Sinne „Familienfilme", weil ihr Inhalt sowohl bei Großen wie bei Kleinen auf unterhaltende Weise zu einer Bewußtseinserweiterung führen konnte. (Heute wird ja der Begriff „Familienfilm" fast ausschließlich dafür verwendet, den Eltern zu signalisieren, daß der Film „keine Gewalt" darstellt.)

Eine für das Märchen typische Aussage von Rous Filmen ist, daß das Böse ein Bestandteil der Welt ist. Das historische Wissen wiederum lehrt den Menschen, daß ihn das Böse nicht nur als außermenschliches Schicksal bedroht, sondern zu einem nicht unerheblichen Teil von ihm selbst erzeugt wird. Deshalb kann durch die künstlerische Umwandlung einer dunklen Märchengestalt, die dem Bösen eine menschliche Dimension gibt, sowohl beim Kind wie beim Erwachsenen die Hoffnung aufkeimen, daß es nicht allein eines Märchenwunders bedarf, um Böses bzw. Schlechtes zu überwinden. Grundvoraussetzung dafür ist freilich ein erlebendes Verstehen, daß alle Facetten der Wirklichkeit Bestandteil einer

Welt sind, in der unter anderem „Gut" und „Böse" einander entsprechen und sich kompensieren.

Daß eine gelungene moderne Märchenverfilmung einerseits dem Märchen auf ganz neuartige Weise gerecht werden kann und gleichzeitig als Spiegelbild einer neuen Lebensweise und -anschauung wirkt, soll im zweiten Teil mit Hilfe einer detaillierteren Untersuchung des Films von Vaclaf Vorlicek „Drei Haselnüsse für Aschenbrödel" untersucht werden.

Über die Modernität beim Märchenfilm: „Drei Haselnüsse für Aschenbrödel"

(Erstmals veröffentlicht in: „Märchenspiegel, 2/2007", S. 26-32.)

In dem diese Untersuchung einleitenden Aufsatz „Gibt es das Märchen als Film?" wurde bereits festgestellt, daß bei einer filmischen Umsetzung eines Märchenstoffes die „abstrakte", relativ schmucklose Form des literarisch überlieferten Märchens in die für den Film typischen Charakteristiken umgewandelt werden muß. Genannt wurde dabei in erster Linie die größere Dynamik des gesamten Handlungsverlaufes (also nicht nur des Haupt- oder Leitmotivs, sondern sämtlicher Nebenhandlungen der Geschichte), die den Zuschauer an das Geschehen bannen soll. Des weiteren gehört dazu eine ansprechende visuelle Umsetzung der Vorlage. Der Film nimmt dabei dem Zusehenden eine Tätigkeit ab, die er beim Lesen oder beim Hören eines Märchens fast automatisch vollführt, nämlich, in seiner Phantasie den gelesenen oder vernommenen Inhalt bildlich umzusetzen. Aus diesem Grund ist das Medium Film oft, zum Beispiel von nicht wenigen Pädagogen und Psychologen, negativ beurteilt worden, weil es ungünstig auf die Persönlichkeitsentwicklung eines Menschen wirken kann, indem seine Phantasietätigkeit bei dem weitgehend passiven Empfangen des Filmgeschehens verarmt. Dem Argument ist nun nicht ohne weiteres zu widersprechen (obgleich auch ein bildliches Erlebnis durchaus phantasieanregend sein kann), und es gilt dies immer mit zu berücksichtigen. Indes kann der Film ein solches Manko durch andere Qualitäten wettmachen, die das literarische Märchen zwar nicht ersetzen, aber durchaus zu bereichern vermögen.

In erster Linie besteht mit dem Film die günstigste und umfänglichste Möglichkeit, dem Märchen eine moderne oder, besser gesagt, zeitgemäße Form zu geben. Eine der gelungensten Annäherungen der Märchenphantasie an die Gegenwart ist der Film „Drei Haselnüsse für Aschenbrödel", gedreht unter der Regie von Vaclav Vorlicek.

Die Versetzung der heutigen Anschauungen in eine überlieferte Phantasiewelt, wie eben das Märchen, um den Blick auf das oft als monoton empfundene tägliche Leben wesentlich zu bereichern, ist bei dem 1930 in Prag geborenen tschechischen Regisseur Hauptgegenstand seiner filmischen Arbeit. Schon seine Komödien „Das Mädchen auf dem Besenstil" (gedreht 1971) und „Wie soll man Dr. Mracek ertränken? oder Das Ende der Wassermänner in Böhmen" (1974) wiesen dieses Bemühen aus, das er im Märchenfilm „Drei Haselnüsse für Aschenbrödel" (1974) in eindrucksvoller Weise vervollkommnet hat. Schließlich machte er die Beziehung der Gegenwart zur Märchenwelt Anfang der achtziger Jahre zum Thema einer Fernsehserie mit dem Titel „Die Märchenbraut". Bei dieser zeigt Vaclav Vorlicek einerseits in humoristisch unterhaltsamer Weise den Unglauben des Zivilisationsmenschen, wenn er wirklich mit dem Geschehen des Märchens in Berührung kommt. Gleichzeitig offenbart uns die filmische Handlung, welche Bereicherung das Leben erfährt, wenn es märchenhafte Dimensionen erlangt. Die Fortsetzung der Serie mit dem Titel „Die Rückkehr der Märchenbraut" ist eine bloße Wiederholung der Thematik. Sie zeigt zudem am Schluß, daß auch Vorlicek der unseligen Tendenz des modernen Films erliegt, nämlich abstoßende Szenen als schockartigen Anreiz für den Zuschauer einzustreuen. Dies findet bei ihm seinen negativen Höhepunkt in dem 1999 gedrehten Märchenfilm „Der Feuervogel". In dem im gleichen Jahr produzierten Film „Die Seekönigin" besinnt er sich wieder auf seine alten Tugenden, wobei diese „Schwanenseevariation" an die „klassische" Märchenverfilmung angelehnt ist, ähnlich wie sein Film „Der Prinz und der Abendstern" (1978). Beide Filme sind ansprechende Umsetzungen von Märchenthemen, die jedoch die Anziehungskraft eines Filmes wie

„Drei Haselnüsse für Aschenbrödel" nicht erlangen, weil der Gegenwartsbezug in diesen Streifen nicht so deutlich hervortritt.

Worin zeigt sich nun die Modernität beim Film „Drei Haselnüsse für Aschenbrödel"?

Vorlage des Filmes ist die Aschenbrödelvariante der tschechischen Schriftstellerin Bozena Nemcova, die in ihrer Sammlung „Volksmärchen und Sagen" (1845-47) zu finden ist.

Es ist hier nicht der Ort, einen Vergleich der vielen Versionen dieses Märchens vorzunehmen. Wir konzentrieren uns bei der folgenden kurzen Untersuchung auf den Zusammenhang des Aschenbrödelfilmes mit den heutigen Lebensanschauungen.

Der wesentliche Handlungsverlauf des Märchens „Aschenbrödel" bleibt beim Film erhalten. Ein Mädchen, das ohne Vater und Mutter bei der Stiefmutter aufwachsen muß, wird von ihr wie eine Magd behandelt. Währenddessen schenkt die Stiefmutter ihrer leiblichen Tochter ihre ganze Liebe und Aufmerksamkeit. Ihr besonderes Bestreben ist, ihre Tochter mit dem Prinzen des Landes zu vermählen. Im Schloß findet dann auch ein Ball statt, bei dem der Königssohn sich eine Braut aussuchen soll. Statt auf die Tochter der Stiefmutter aufmerksam zu werden, hat er jedoch nur Augen für Aschenbrödel, das, in ein prachtvolles Kleid gehüllt, heimlich das Fest besucht. Bei der fluchtartigen Rückkehr auf das Gut der Stiefmutter verliert das Mädchen einen Schuh, wodurch der Prinz, der ihm folgt, die Möglichkeit erhält, es wieder zu erkennen, weil nur Aschenbrödel einen derart kleinen und zarten Fuß besitzt, dem ein solcher Schuh passen kann. Diese besondere Form des Fußes symbolisiert wohl die Einzigartigkeit und Sensibilität des liebenden Gefühls des Prinzen für das eigentlich unbekannte Mädchen, das er trotz seiner Fremdheit als Ergänzung seiner Männlichkeit empfindet.

Neben diesen identischen Elementen mit vielen Aschenputtelvarianten gibt es gerade zum Grimmschen Märchen wesentliche Unterschiede, die die Figur des Aschenbrödels im Film in ganz entscheidender Weise verändern.

In der Grimmschen Fassung ist es beispielsweise die tote Mutter, die Aschenputtel die Kleider für den Ball verschafft. Aschenputtel bekommt die Gewänder von einem Baum, den sie nach dem Tod der Mutter auf ihr

Anraten hin auf das Grab pflanzt. So kann die Mutter nach ihrem (oder eben durch ihr) Ableben der im Leben verbliebenen Tochter beistehen. Die Hilfe aus anderen, dem Menschen oft fremd erscheinenden Wirklichkeitsebenen, wie eben aus dem Totenreich, ist märchentypisch. Hierher gehört auch die Unterstützung des Märchenhelden durch Tiere (ebenfalls ein dem Menschen kaum zugänglicher Erlebnisbereich), wie im Fall des Aschenputtelmärchens die Tauben. In der Bearbeitung der Gebrüder Grimm helfen die Tauben nicht nur bei der Arbeit, sie raten dem ungerecht behandelten Mädchen auch, zum Grab der Mutter zu gehen und am Baum zu schütteln, damit es ein Kleid für den Ball erhält. Schließlich warnen die Tauben am Ende der Geschichte den Prinzen vor dem Betrug, den die Stiefmutter im Schilde führt.

In Vorliceks Verfilmung nun hat Aschenbrödel viele tierische Helfer: ihr Pferd Nikolaus, die letzte leibhaftige Erinnerung an den verstorbenen Vater, der es ihr geschenkt hatte, die Tauben, die ihr bei der Strafarbeit beistehen, und die Eule Rosalie, die durch ihre „magischen" Kräfte dafür sorgt, daß die drei Haselnüsse sich in prächtige Kostüme verwandeln. (Vielleicht kennt sie auch nur die Zauberkraft der Haselnüsse, dann ist sie zumindest die Vermittlerin zwischen der magischen und der menschlichen Welt.) Die Eule übernimmt demnach im Film die Funktion der Mutter. Das wird auch dadurch deutlich, daß sie die Hüterin von Aschenbrödels Schatz, einer Brosche der Mutter, ist.

Die ausschließlich tierische Förderung in der Filmhandlung ist indes nicht einfach nur als märchenhafte Hilfe aus außermenschlichen Bereichen zu verstehen. Sie geschieht der Heldin der Geschichte nämlich nicht so unmotiviert, wie das in vielen Märchen festgestellt werden kann, sondern hat ihren Grund in Aschenbrödels intensiver Tierliebe. Neben den eben genannten Tieren hat sie noch ein herzliches Verhältnis zum Hund Kasper und zur Katze Murri.

Das Motiv, daß Tiere bestimmten Menschen helfen, weil sie von diesen geliebt werden, finden wir schon bei den Märchenfilmen des russischen Regisseurs Alexander Rou. Diese dargestellte Verhaltensweise der Tiere soll deutlich machen, daß der Mensch nicht nur bei seinesgleichen auf Gegenliebe trifft, wenn er sie liebt, sondern das gleiche auch bei anderen Naturwesen erfahren kann. Es wird also der Wert einer allumfassenden Liebe zur Natur beschrieben, die sich keineswegs in der individuellen Liebe zu einem einzigen Tier erschöpft (wie zum Beispiel die besitzergreifende Zuneigung des Eigentümers zu seinem Haustier, die oft vorschnell als allgemeine Tierliebe aufgefaßt wird). Aus diesem Grund ist es eine Vielzahl von verschiedenen Tieren, mit denen Aschenbrödel in Vorliceks Film kommuniziert.

Ein weiterer Hinweis auf die alles einschließende Naturverbundenheit Aschenbrödels ist die Darstellung des Genusses, den das Mädchen empfindet, wenn es durch den Winterwald reitet. Weiterhin gehört dazu die Bändigung des temperamentvollen Pferdes des Prinzen, das eigentlich nur er zu reiten vermag, als sie nach der ersten Begegnung mit diesem vor dem Prinzen flüchtet. Schließlich zeigt sich ihre Verschwisterung mit den Naturerscheinungen ein weiteres Mal bei jener ersten noch burschikosen Begegnung in Form des Mitleids mit einem Reh, das der Prinz erlegen will. Das verhindert sie, indem sie ihn mit einem Schneeball bewirft.

Aschenbrödels Liebe zur Natur hat nichts mit der heute häufig anzutreffenden affektierten Koketterie der sogenannten umweltbewußten Menschen zu tun, die in ihrem ökologischen Denken meist ein moralisches Höhergestelltsein gegenüber denen empfinden, die ihrer „grünen Religion" nicht folgen. Für Aschenbrödel stellt die Verbundenheit mit den Naturphänomenen eine Selbstverständlichkeit dar. Dies ermöglicht es ihr, in der Natur eine Art Mutterersatz zu finden. (Der Begriff „Mutter" ist hier als Symbol von Heimat zu verstehen, so daß demnach, auf die Filmgeschichte bezogen, die Naturliebe auch den Verlust des Vaters kompensiert.) Sie gibt ihr Wärme und Geborgenheit, die sie unter den Menschen bisher nur beim Gesinde, das auf dem Gutshof der Stiefmutter arbeitet, gefunden hat.

Kurzum, Aschenbrödel erfährt, trotz der Tyrannei der Stiefmutter und deren leiblicher Tochter, die Liebe von Menschen, Tieren und der heimatlichen Landschaft. Das erzeugt in ihr ein Selbstbewußtsein, das ihr die Stärke gibt, die widrigen äußeren Umstände ihres Waisendaseins zu akzeptieren. Sie ist also nicht das arme, geknechtete Kind, das nur durch über- oder unterirdische Hilfe, das heißt durch ein märchenhaftes Wunder, aus seiner mißlichen Lage befreit werden kann. Vielmehr wird im Film ein junges Mädchen gezeigt, das weiß, was es will, und das zudem bestrebt ist, die Schönheiten, die ihr das Leben bietet, zu genießen. Gerade das selbstsichere Auftreten Aschenbrödels in Vorliceks Bearbeitung hat immer wieder Anlaß dazu gegeben, die Filmfigur mit den emanzipierten Frauen der modernen Zivilisation zu vergleichen. Und bei oberflächlicher Betrachtung ist eine Anlehnung an derartige heutige Verhaltensweisen durchaus erkennbar. Schaut man genauer hin, treten jedoch wesentliche Unterschiede zu Tage. Trotz der Eigenständigkeit und Souveränität seiner Umwelt gegenüber fühlt Aschenbrödel beispielsweise keine Zufriedenheit über den Besitz solcher Wesenseigenschaften, was der Frau von heute, wenn auch nicht genügt, so doch behagt und wichtig erscheint.

Aschenbrödel will zudem, im Gegensatz zu vielen emanzipierten Frauen der Gegenwart, ihre autonome Weiblichkeit an die Männlichkeit des Prinzen verlieren, um in der Einheit mit ihm in neuer, ganz andersgearteter Weiblichkeit wiedergeboren zu werden. Dieser Wunsch wiederum stellt sich im Film nicht selbstverständlich ein, sondern reift von Begegnung zu Begegnung mit dem Prinzen. Das ist ein moderner Zug, der in jene alte Geschichte kommt, denn wechselseitig motivierte Entwicklungsprozesse zwischen zwei Menschen sind in Märchen selten zu finden. Das jedoch macht den Film „Drei Haselnüsse für Aschenbrödel" gegenwartsnah, man könnte sogar behaupten, das Märchen wird dadurch zeitgemäß bereichert.

Wie gesagt, die persönliche Fortentwicklung in der Beziehung zwischen Aschenbrödel und dem Prinzen verläuft, und das ist eine große Stärke der filmischen Bearbeitung, nicht einseitig, sondern beide durchleben einen Reifeprozeß.

In der schon erwähnten ersten Begegnung sind sowohl Aschenbrödel als auch der Prinz noch verspielte Jugendliche, die sich in erster Linie scherzend und neckend kennenlernen. Trotzdem bringen sie schon Bewunderung füreinander auf, die sie natürlich noch nicht artikulieren können. Vielmehr ist dieses jungfräuliche Zusammentreffen äußerlich eher von Mißverständnissen geprägt.

In diesem Entwicklungsstadium ist es auch symptomatisch, daß es der jugendliche Übermut des Prinzen ist, der jenes Vogelnest, in dem sich die

Zaubernüsse befinden, mit der Armbrust abschießt. Mit dem Schuß wollte er den Knecht der Stiefmutter, der zum Kleiderkauf in die Stadt geschickt wurde, necken. Diesem fallen die drei Haselnüsse in den Schoß, und er erinnert sich, daß er noch kein Geschenk für Aschenbrödel hat. Die zaubervolle Gabe verhilft Aschenbrödel nun zu jenen Kleidern, die es ihr ermöglichen, dem Prinzen als gleichberechtigte und würdige Erscheinung entgegenzutreten.

In einem derartigen Handlungszusammenhang kann man zwar immer noch von einer schicksalhaften Fügung sprechen, die der Liebe zwischen Aschenbrödel und dem Prinzen zu einer Verwirklichung verhilft. Jedoch wird die gegenseitige Liebe auch bewirkt durch die entsprechende Verhaltensweise beider, ohne daß schon eine bewußte Ausrichtung auf ein bestimmtes Ziel vorhanden wäre.

Die zweite Begegnung findet bei der königlichen Jagd statt. Die erste Nuß, die Aschenbrödel vor den Augen der Eule auf den Boden fallen läßt, bringt ein Jagdkostüm zum Vorschein. Mit diesem bekleidet, schleicht sie zur Jagdgesellschaft. Dort wird gerade auf einen Raubvogel geschossen. Wer ihn erlegt, erhält einen wertvollen Ring aus der königlichen Schatzkammer. Nachdem allen Jägern das Glück versagt bleibt, schießt Aschenbrödel den Vogel vom Himmel. Das darauffolgende neuerliche Zusammentreffen gestaltet sich nun auf eine wesentlich respektvollere Weise. Der Prinz bringt ihr Achtung entgegen, ohne zu erkennen, daß er dem Jäger schon einmal begegnet ist. Das liebende Gefühl kann sich außerdem in ihm nicht entwickeln, weil er meint, mit dem treffsicheren Schützen einem jungen Burschen gegenüberzutreten und nicht jenem Mädchen aus dem Wald, das ihm nicht mehr aus dem Kopf geht. Aschenbrödel seinerseits bemerkt, daß der Prinz durch seine eben gewahrte jägerische Unterlegenheit, die er auch offen zugibt, verletzbar ist. Das bedeutet, daß er trotz seines Standes Sensibilität, hier gepaart mit Aufrichtigkeit, besitzt. Und das bewirkt in dem Mädchen Wertschätzung für ihn. Damit ist die Ebene für die Liebe bereitet, denn schon in diesen Momenten gehen sie nicht mehr allein sprachlich miteinander um, sondern auch ihre Gefühle reagieren aufeinander.

Bei der dritten und entscheidenden Begegnung zwischen beiden offenbart sich dieser Einklang durch den Tanz, der die beiden einzelnen leiblich-seelischen Emotionalitäten in einem gemeinsamen Rhythmus eint. Dieses Zusammentreffen findet auf dem Ball statt, bei dem sich der Prinz seine Braut auswählen soll. Aus der zweiten Zaubernuß kommt für diesen Anlaß ein silbergewirktes Kleid mit Schleppe für Aschenbrödel zum Vorschein.

In dem Augenblick, als Aschenbrödel den Saal betritt und der Prinz sie gewahrt, ist er bezaubert von ihr und weiß, obwohl sie einen Schleier vor dem Gesicht trägt, daß nur sie seine Braut sein kann, wenn er durch die Vermählung glücklich werden will. Ihm kommt es wie „Liebe auf den ersten Blick" vor, doch fußt sein Gefühl, wie vorher gezeigt, auf durchaus festem Fundament. Da der Prinz dies jedoch nicht erkennt, tritt er ihr als zukünftiger oberster Landesherr entgegen, in der Erwartung, daß sie sein Verlangen bzw. Anliegen erfüllt. Doch Aschenbrödel macht ihn darauf aufmerksam, daß man nur wirklich lieben kann, wenn die Zuneigung des einen Partners vom anderen auch erwidert wird. Er sollte seine erwählte Braut also erst einmal fragen, ob sie seine Frau werden möchte.

Obwohl Aschenbrödel natürlich bereit ist, den Prinzen zu ihrem Gemahl zu nehmen, knüpft sie ihre Zusage an eine Bedingung: der Prinz soll nicht wegen ihrer glanzvollen Verkleidung um sie werben, sondern weil er den Menschen, der sich in dem Kleid verbirgt, verehrt. Deswegen gibt sie ihm ein Rätsel auf, das die beiden vorhergehenden Begegnungen in Erinnerung rufen soll. Das heißt, mit der Lösung des Rätsels würde dem Prinzen zum Bewußtsein kommen, daß sich sowohl unter dem Ballkostüm wie unter dem Jägerkostüm dasselbe Mädchen verbirgt, das er einmal im Wald traf. Somit könnte er wirklich gewahren, in wen er sich verliebt hat. Auf der Stelle kann der Prinz die Aufgabe nicht lösen, so flüchtet Aschenbrödel aus dem Ballsaal. Er eilt ihr sofort nach.

Auf der Flucht vor dem Geliebten verliert Aschenbrödel ihren Schuh, den der Prinz entdeckt. Doch dieser Schuh hat in der Filmhandlung nicht die Bedeutung wie in der Grimm'schen Buchfassung. Vielmehr wird im Film das Ballkleid verwendet, um den Erkenntnisweg des Prinzen deutlich zu machen, der erfahren wird, daß eine schöne äußere Hülle auch ein Schein sein kann und daß eigentlich nur das, was sich unter ihr versteckt, der Liebe würdig ist.

Die Stiefmutter, die ebenfalls wie Aschenbrödel und der Prinz auf ihren Gutshof zurückkehrt, bedient sich einer List, um doch noch ihre eigene Tochter mit dem Thronfolger zu vermählen. Sie entwendet Aschenbrödel das Kleid, zieht es ihrer Tochter an und zeigt sie so gekleidet dem Prinzen mit der Forderung, daß er diesem Mädchen den Verlobungsring an den Finger stecke. Doch er will nun das Antlitz des Wesens sehen, das er heiraten möchte, und zudem den Schuh anprobieren lassen. Die Stiefmutter und deren Tochter fahren daraufhin mit der Kutsche davon. Der Prinz folgt ihnen. Bei der wilden Hetzjagd kippt der Kutschwagen um, und der Prinz, der den in einen See gefallenen Insassen zu Hilfe eilt, erhält dadurch die Möglichkeit, das Gesicht desjenigen Mädchens zu sehen, das nun das Ballkleid trägt. Er gewahrt, daß sie nicht „die Richtige" ist und kehrt auf den Gutshof zurück. Dort braucht er freilich nicht weiter nach seiner Liebe zu suchen, weil Aschenbrödel, mit einem Brautkleid angetan – der Inhalt der dritten Zaubernuß – auf den Hof reitet und den Prinzen fragt, ob er ihr den Schuh zurückbringt. Nun, Aschenbrödel offen ins Gesicht blickend, kann er auch das Rätsel lösen. Darauf fragt er sie, ob sie seine Frau werden möchte, was sie mit einem freudigen Nicken bejaht.

Zusammenfassend können wir feststellen, daß durch ein sehr modernes Element, das Vaclav Vorlicek in seiner Verfilmung des Märchens Aschenputtel verwendet, der märchenhafte Stoff eine neuartige oder zumindest andersgeartete Aussage für den heutigen Menschen bekommen hat. Im Gegensatz zur überlieferten Fassung zeigt der Film, daß die handelnden Menschen durch ihr Verhalten wesentlich zum eigenen Glück beitragen. Die wundersame Hilfe für Aschenbrödel durch die drei Haselnüsse forciert zwar die Entwicklung des Geschehens, aber man hat als Zuschauer nicht den Eindruck, daß erst sie das glückliche Ende ermöglicht, was eigentlich kennzeichnend für ein Märchen wäre.

In einer solchen Art der Bearbeitung wird das Märchen viel stärker in die menschliche Welt hineingezogen und bietet dadurch dem Zuschauer einen stärkeren Selbstbezug, was wichtig für die Wirksamkeit eines Filmes ist. Im Gegensatz zum Lesen braucht man beim Sehen eines Filmes einen viel intensiveren atmosphärischen Bezug zu den handelnden Personen und zum Geschehen selbst, wenn man von ihm berührt werden soll. In diesem Sinne hat sowohl die natürliche, von Effekthascherei freie Umsetzung des Märchens als auch die hervorragende schauspielerische Leistung der Darsteller (bei der Libuse Safrankova als Aschenbrödel und Rolf Hoppe als König noch herausragen) dazu beigetragen, daß der Film ein so breitgefächertes begeistertes Publikum gefunden hat.

Am Ende des Filmes kommt es mit der vierten Begegnung zwischen Aschenbrödel und dem Prinzen zu dem wahrhaft märchenhaften Wunder: das liebende Zusammentreffen zweier Herzen. Und Vorlicek setzt dieses Ereignis, wie in fast allen seinen anderen Filmen, so ins Bild, daß der Zuschauer ahnt, daß in solchen Augenblicken die Märchenwelt mit der Menschenwelt verschmilzt. In der Serie „Die Märchenbraut" drückt es die Prinzessin Arabella in Worten aus, indem sie sinngemäß sagt, daß das menschliche Leben ein Wunder ist, sobald es der Mensch verstanden hat, das Leben zum Märchen zu machen. Und die einfache Antwort auf die Frage darauf, wie man das machen soll, ist ein fast zu geläufiges Tätigkeitswort: lieben.

Zusatz:

Es könnte nun der Einwand kommen, daß der Film, der im vorhergehenden Artikel im Mittelpunkt stand, schon älteren Jahrgangs ist. Worauf sich die Frage anschließen könnte, ob es Filme aus jüngster Zeit gibt, die die Qualität einer zeitgemäßen Umsetzung von Dichtungen besitzen, ohne daß die Vorlage dabei eine Einbuße erfährt. Für den Bereich des Märchens ist dem Verfasser kein neuerer Film bekannt. Aber die in den letzten Jahren unternommenen Neuverfilmungen der Kinderbuchklassiker von Erich Kästner „Emil und die Detektive" und „Das fliegende Klassenzimmer", gedreht nach Drehbüchern von Franziska Buch, weisen diese Qualität auf. Beide Bearbeitungen zeigen sich in Handlungszusammenhängen, Bildumsetzung, Sprache und Verhaltensmuster der Figuren in modernem Kleid und werden trotzdem der warmherzigen, sozial engagierten und zutiefst menschlichen literarischen Vorlage gerecht.

Inhaltsverzeichnis

Von der Liebe 6
Von den Verführungen 12
Von einer anderen Perspektive 15
Von der Geburt 21
Vom Weihnachtsfest 27
Von Freundschaft und „erster Liebe" 32
Von Ludwig Klages 38
Von Filmen und Büchern 46
Von Selbstkommentaren zu eigenen Veröffentlichungen 50
Von Unveröffentlichtem 55
   All – Gemeinheit 56
   Ein Beitrag zur Suche nach nationaler Identität 63
   Die Keuschheit und das Problem der Auffassung des Geistes
   bei Ludwig Klages 68
   Die Krabat-Sage 81
„Die kleine Seejungfrau" – ein Märchen im ursprünglichen
Sinne? 112
Bewußtseinsvorgänge im Märchen – ein Denkansatz 125
Das Ärgernis: „Gevatter Tod" 134
Gibt es das Märchen als Film? 144
Über die Modernität beim Märchenfilm: „Drei Haselnüsse für
Aschenbrödel" 155
Literaturnachweis 166

Literaturnachweis

Andersen, Hans Christian: „Märchen und Geschichten." Reclams Universal-Bibliothek 689, Leipzig 1971.

Bataille, Georges: „Die Aufhebung der Ökonomie." Matthes&Seitz Verlag, München 2001.

Beck, Walter: „Märchenfilme und ihre Zeit - Teil 1." In: „Märchenspiegel 4/02, November 2002." Schneider Verlag Hohengehren, Baltmannsweiler 2002.

Brêzan, Jurij: „Die schwarze Mühle." Ernst Klett Schulbuchverlag, Stuttgart 1995.

Cioran, E.M.: „Das Buch der Täuschungen." Suhrkamp Verlag, Frankfurt am Main 1990.

Ders.: „Widersprüchliche Konturen." Suhrkamp Verlag, Frankfurt am Main 1989.

Ehrhardt, Marie-Luise: „Die Krabat-Sage – Quellenkundliche Untersuchung zu Überlieferung und Wirkung eines literarischen Stoffes aus der Lausitz." G. Elwert Verlag, Marburg 1982.

Endres, Franz Karl und Schimmel, Annemarie: „Das Mysterium der Zahl – Zahlensymbolik im Kulturvergleich." Eugen Diederichs Verlag, München 1996.

Gehrts, Heino: „Das Märchen und das Opfer – Untersuchungen zum europäischen Brüdermärchen." Bouvier Verlag, Bonn 1995.

Ders.: „Vom Wesen des Speeres." In: „Hestia 1984/85 – Märchen, Mythen und Symbole." Bouvier Verlag Herbert Grundmann, Bonn 1985.

Ders.: „Von der Wirklichkeit der Märchen." Erich Röth Verlag, Regensburg 1992.

Giegerich, Wolfgang: „Die Atombombe als seelische Wirklichkeit – Versuch über den Geist des christlichen Abendlandes." Raben-Reihe im Schweizer-Spiegel-Verlag, Bern 1988.

Ders.: „Tötungen. Gewalt aus der Seele." Peter Lang GmbH – Europäischer Verlag der Wissenschaften, Frankfurt am Main 1994.

Grimm, Jacob und Wilhelm: „Die Kinder- und Hausmärchen der Brüder Grimm." Der Kinderbuch Verlag, Berlin.

Hoymann, Joseph: „Wieviel Leben hat der Tod, wieviel Tod das Leben?" In: „Märchenspiegel 4/00, November 2000." Schneider Verlag Hohengehren, Baltmannsweiler 2000.

Jung, C.G.: „Gesammelte Werke – Band 14/1." Walter Verlag, Solothurn, Düsseldorf 1995.

Klages, Ludwig: „Der Geist als Widersacher der Seele." Bouvier Verlag, Bonn 1981.

Ders.: „Rhythmen und Runen." Johann Ambrosius Barth Verlag, Leipzig 1944.

Ders.: „Vom Wesen des Bewußtseins." Bouvier Verlag, Bonn 1988.

Knoch, Linde: „Märchen und Medien." In: „Märchenspiegel 1/00, Februar 2000." Schneider Verlag Hohengehren, Baltmannsweiler 2000.

Liebrucks, Bruno: „Sprache und Bewußtsein – Band 1: Einleitung – Spannweite des Problems." Akademische Verlagsgesellschaft, Frankfurt am Main 1964.

Ders.: „Sprache und Bewußtsein – Band 3: Wege zum Bewußtsein." Akademische Verlagsgesellschaft, Frankfurt am Main 1966.

Ders.: „Sprache und Bewusstsein – Band 7: ‚Und' – Die Sprache Hölderlins in der Spannweite von Mythos und Logos." Peter Lang Verlag AG, Bern 1979.

Lüthi, Max: „Das europäische Volksmärchen." A. Francke Verlag, Tübingen und Basel 1997.

Nowak-Neumann, Martin: „Meister Krabat – der gute sorbische Zauberer." VEB Domowina - Verlag, Bautzen 1983.

Preußler, Otfried: „Krabat – Schulausgabe mit Materialien." Thienemann Verlag, Stuttgart, Wien, Bern 1988.

Scherf, Walter: „Das Märchenlexikon – Erster Band A-K."
C.H. Beck'sche Verlagsbuchhandlung (Oscar Beck), München 1995.

Stölzel, Thomas: „Ein Säulenheiliger ohne Säule – Begegnung mit E. M. Cioran." Literaturverlag Droschl, Graz, Wien 1998.